Thomas Schäfer

Mein allerliebstes Haselnüßchen, ich muß dich knacken

HERDER / SPEKTRUM

Band 4083

Das Buch

Mann und Frau haben miteinander so manche Nuß zu knacken. Die Märchen wissen davon viel zu erzählen: In ihnen liegt uraltes Wissen verborgen. Dieses Buch erschließt den ganzen Reichtum partnerschaftlicher Beziehung, wie er sich in den Bildern und Motiven scheinbar vertrauter Märchen widerspiegelt. Thomas Schäfer lädt ein zu einer spannenden tiefenpsychologischen und kulturanthropologischen Entdeckungsreise in die Welt der Märchen. Die Ablösung von den Eltern, die Suche nach dem richtigen Partner oder der richtigen Partnerin, die Krisen und schließlich die Reifung: Die märchenhaften Möglichkeiten der Partnerschaft werden hier lebendig.

Der Autor

Thomas Schäfer, M. A., geboren 1960, Studium der Politischen Wissenschaften in Heidelberg. Intensive Beschäftigung mit Psychologie, Psychosomatik und Psychiatrie sowie der Astrologie. Seminare, Vorträge, psychologische Beratungen. Nebenberuflich tätig in der politischen Bildung. Zahlreiche Veröffentlichungen zu astrologischen und psychologischen Themen, u. a.: Es war einmal ein Stern. Der Tierkreis im Märchen (1991). Lebt bei Heidelberg.

Thomas Schäfer

Mein allerliebstes Haselnüßchen, ich muß dich knacken

Mann und Frau im Märchen

Herder

Freiburg · Basel · Wien

Originalausgabe

Alle Rechte vorbehalten – Printed in Germany
© Verlag Herder Freiburg im Breisgau 1992
Herstellung: Freiburger Graphische Betriebe 1992
Umschlaggestaltung: Joseph Pölzelbauer
Umschlagmotiv: Alfons Mucha, Pěvecké sdružen, učitelů moravských,
Prag 1911
ISBN 3-451-04083-2

Inhalt

II. MÄNNER IM MÄRCHEN

MEINEN ELTERN

Einführung

Das Land der Märchen ist versunken – so zumindest lesen wir es im letzten Satz von „die Drei Königssöhne". Ist jenes Reich tatsächlich für immer untergegangen? Dieses Buch möchte dazu beitragen, jenes sagenhafte Land aus den „Fluten" des Unbewußten wieder heraufzuholen. Mit Hilfe der dort gefundenen Visionen können wir auf ernsthafte (!) Weise lernen, unser Alltagsleben „märchenhafter" zu gestalten.

Tatsächlich waren Märchen in früheren Zeiten eine „ernste Angelegenheit". Sie wurden nicht in erster Linie für Kinder geschrieben, sondern für Erwachsene. Leider jedoch haben die Märchen durch ihre Umarbeitung für die Kinderstube manches von ihrer Ursprünglichkeit eingebüßt. Insbesondere das Thema Sexualität wollte man Kindern nicht ungefiltert zumuten. Trotzdem schimmert das anfänglich Gemeinte auch heute noch durch. Wenn z. B. der Wolf vom „charmanten Rotkäppchen" spricht, das für ihn ein „appetitliches Haselnüßchen" ist und das es zu „knacken" gilt, so ahnen wir seine Hintergedanken …

Faszinierend an der Bildersprache des Märchens ist ihre Universalität. Auch wenn unser Verstand mit vielen Bildern nichts anfangen kann, so enträtselt unsere Psyche doch *unbewußt* die versteckte seelische Botschaft. Ohne Zweifel können Märchen ein Stück konkrete Lebenshilfe sein. Damit die magischen Bilder unsere Seele auch wirklich aus dem Dornröschenschlaf reißen, müssen sie manchmal recht „brutal" sein – für die Träume gilt ähnliches. Wenn „Leichen im Keller" liegen, so ruft dies sowohl im Traum wie im Märchen dazu auf, sich mit dem bislang Verdrängten auseinanderzusetzen.

Das „Böse" hat im Märchen eine rein therapeutische Funktion, weil ohne sein Vorhandensein eine psychische Entwicklung nicht möglich ist. Wie noch zu zeigen sein wird, können die Helden meist erst dann siegen, wenn sie Teile des Bösen für sich übernehmen und transformieren. Immer ist es die Gefangenschaft bei einer Hexe, eine Verzauberung oder irgendein anderes Unglück, das sich am Ende als *unverzichtbare* Bedingung für den Individuationsprozeß herausstellt.

Überraschen mag, daß „Grausames" im Märchen nie im Detail beschrieben wird. Da die Geschichten auf allgemeinmenschliche Probleme aufmerksam machen wollen, werden Ort, Zeitumstände und genaue Namen nie angegeben. „Der Königssohn" und „das Mütterlein" werden absichtlich als *Typen* und nicht als Menschen mit individuellen Zügen beschrieben. Ihr Kampf gegen abscheuliche Bösewichte soll sie auf Entwicklungslektionen aufmerksam machen. Gerade in der Auseinandersetzung mit diesen scheinbar negativen Mächten wird der Held oder die Heldin autonom und lernt, seine eigenen Fähigkeiten anzuwenden. Je mehr er oder sie seelisch reift, desto kraftloser wird auch das Böse, das in personifzierter Form (Hexe, Drache usw.) unsere Neurosen und Komplexe abbildet.

Der archetypische (urbildhafte) Grundcharakter der Märchen wird auch von der Forschung bestätigt. Zum Beispiel ist das Märchen „Schneewittchen" in Hunderten von Fassungen über den ganzen Erdball anzutreffen – auch bei isoliert lebenden Eingeborenenstämmen![1] Die archetypische Bildsprache der Menschheit ist eben grenzenlos.

Methodisch greift dieser Band auf die Jungsche Märchendeutung zurück, wie sie insbesondere von Verena Kast und auch von Marie-Louise von Franz vertreten wird (vgl. Literaturverzeichnis). Das Jungsche Konzept von Animus und

---

[1] Vgl. *Hans Biedermann*, Sagaheim – Verborgene Weisheit im alten Märchen, München 1990, S. 29 ff.

Anima als innere gegengeschlechtliche Polarität des Menschen war Ausgangspunkt unserer Darstellung: Teil I schildert den Weg der Frau zu ihrem männlichen Seelenbild. Ebenso wie beim Mann (Teil II) führt der Weg zum Selbst nur über die Aussöhnung mit dem Animus bzw. der Anima[2].

Interessant beim Vergleich des männlichen und des weiblichen Entwicklungsprozesses ist die unterschiedliche Bedeutung der Bindung an die (Ursprungs-)Familie. In den Frauenmärchen muß die Hauptfigur wesentlich energischer um ihre Autonomie kämpfen als in den Männermärchen. Dies hängt nicht etwa mit einer subjektiven Auswahl der Texte zusammen, sondern entspricht der realen Erfahrung: In den meisten Fällen brauchen Frauen mehr Energie, um sich von bindenden Fesseln befreien zu können als Männer.

Weitere Themen in den Frauenmärchen sind u. a.: weibliches Selbstverständnis und Menstruation („Rapunzel"), der psychische Umgang mit einem sexuell fordernden Elternteil („Betta Pilusa"), hemmende Elternliebe („Vom grünen Vogel") und die Chancen bzw. Risiken einer Partnerschaft mit einem seelisch weniger entwickelten Mann („Östlich von der Sonne und westlich vom Mond").

In den Männermärchen geht es u. a. um die innere Lösung von der Mutterimago („Der Sohn der Witwe"), die „Unfruchtbarkeit" einer reinen Männergemeinschaft („Die drei Federn"), die Auseinandersetzung mit einer „femme fatale" („Die heiratsscheue Prinzessin"), Angst vor der Anima bzw. einer teuflischen schwarzen Jungfrau („Der Königssohn, der sich vor nichts fürchtete") und eine Aussöhnung von Geist und Eros („Die drei Königssöhne"). In dem Grimmschen Märchen „Die Drei Sprachen" wird die Gottsuche thematisiert. Auch wenn alle hier vorgestellten Märchen jedem etwas zu sagen haben –

---

[2] In diesem thematischen Zusammenhang sei insbesondere auf *Verena Kast*, Mann und Frau im Märchen, Olten 1984, hingewiesen. Während der vorliegende Band den Weg zur Eigenständigkeit und die Suche nach dem Partner aufzeigt, schildert Verena Kast, was nach dem Sich-Finden geschieht, den Alltag der Beziehung.

gleichgültig ob Mann oder Frau –, so gilt dies in besonderem Maße für dieses letzte „Männermärchen".

Zur Entschlüsselung der Märchensymbole wird bei den Interpretationen auf C. G. Jungs „Amplifikation" zurückgegriffen[3]. Mit Amplifikation ist kein freies Assoziieren gemeint, obwohl auch dies sinnvoll sein kann, sondern die Untersuchung der Funktionen, die ein Symbol in den verschiedensten Kulturen einnimmt oder eingenommen hat. Die meisten Symbole erweisen sich als kulturübergreifend. So verkörpert der Vogel fast überall den Geist bzw. die Seele. Der Löwe, um ein anderes Beispiel zu nennen, wurde bisher nirgends auf der Welt als Zeichen für Feigheit und Schwäche benutzt – ausnahmslos dient er als Sinnbild für Dynamik und Kraft. Sowohl in Ägypten wie im mittelalterlichen Europa war er das Tier des Königtums.

Jungs Deutungsmethode hat sich in der Traumdeutung bewährt. Da Träume und Märchen aus *demselben* archetypischen Fundus gespeist werden, ist diese Methode erfolgreich auf die Märchendeutung übertragen worden. Schon in einem früheren Märchenbuch habe ich auf diese Interpretationstechnik zurückgegriffen[4].

Ein Märchen zu deuten heißt immer, sich *subjektiv* mit der vorgefundenen Symbolwelt auseinanderzusetzen. Niemand wird ernsthaft annehmen, es gäbe absolut „richtige" Deutungen. Stets bestimmt die Persönlichkeit des Auslegenden die Perspektive. Nicht immer ist auf den ersten Blick klar, was ein Bild im Märchen genau zu bedeuten hat; manche Bilder lassen sich auch auf verschiedene Weise sinnvoll deuten. Wichtig ist allein die Stimmigkeit der Gesamtdeutung. Die Sichtweise der Symbole sollte sich widerspruchslos der zentralen psychologischen Aussage unterordnen lassen. Da aber letztlich die Be-

---

[3] Vgl. *Jolande Jacobi*, Die Psychologie von C. G. Jung, Frankfurt 1978, S. 87 ff. vgl. auch C. G. Jung, Psychologie und Alchemie, GW 12, Olten 1976, S. 333 ff.

[4] *Thomas Schäfer*, Es war einmal ein Stern – Der Tierkreis im Märchen, Münsingen–Bern 1991.

schäftigung mit den Märchen unser kreatives Potential aktivieren soll, möchte ich den Leser zu eigenen Deutungsphantasien anregen. Ohne die Herstellung konkreter Lebensbezüge muß die Beschäftigung mit Märchen farblos bleiben; wer sich jedoch vorurteilslos auf sie einläßt, wird schnell von ihnen gefangengenommen und sogar von ihnen träumen...

Aus den letztgenannten Gründen habe ich lange, detaillierte Deutungen vermieden und mich auf die Kernbotschaft beschränkt. Im Zweifelsfall sind die konkret hergestellten Lebensbezüge des Lesers immer wichtiger als Interpretationen eines Fremden. Wenn meine Aussagen dazu führen, daß die Leser selbst ungezwungen auf eine Phantasie-Märchenreise begeben, dann ist der Sinn des Buches erfüllt.

Zum Schluß sei noch kurz auf die Auswahl der Märchen eingegangen. Neben dem gerade geäußerten Anliegen ging es mir um die Darstellung des urbildhaften Gehalts der Märchen. Aus diesem Grund enthält dieser Band ausschließlich (europäische) Volksmärchen. Damit soll natürlich nicht bestritten werden, daß auch z. B. Andersens Kunstmärchen die Phantasie anregen und – zumindest teilweise – Archetypisches enthalten. Doch das literarische Kunstprodukt eines einzelnen ist viel stärker geprägt von individuellen Erfahrungen und Motiven als ein über lange Zeiträume organisch gewachsenes Volksmärchen.

Die meisten Grimmschen Märchen entnahm ich der Gesamtausgabe von Goldmann[5]. Die dort enthaltenen Versionen sind zwar orthographisch überarbeitet, entsprechen aber ansonsten den „Kinder- und Hausmärchen" von 1857.

Die Anmerkungen dieses Bandes richten sich an Leser, die sich für tiefergehende Informationen interessieren. Zwar sind die Fußnoten für das Verständnis des Textes nicht zwingend erforderlich, doch finden sich in ihnen wichtige Hinweise auf Erkenntnisse der Jungschen Psychologie und anderes aufschlußreiches Hintergrundwissen.

---

[5] Die Märchen der Brüder Grimm, München 1989.

ERSTER TEIL

FRAUEN IM MÄRCHEN

1

Die Verdrängung des Eros

DAS ROTKÄPPCHEN

Es war einmal ein gar allerliebstes, niedliches Ding von einem Mädchen, das hatte eine Mutter und eine Großmutter, die waren gar gut und hatten das kleine Ding so lieb. Die Großmutter absonderlich, die wußte gar nicht, wie gut sie's mit dem Enkelchen meinen sollte, schenkt' ihm immer dies und das und hatte ihm auch ein feines Käppchen von rotem Sammet geschenkt, das stand dem Kind so überaus hübsch, das wußte auch das kleine Mädchen und wollte nichts andres mehr tragen, und darum hieß es bei alt und jung nur das Rotkäppchen. Mutter und Großmutter wohnten aber nicht beisammen in einem Häuschen, sondern eine halbe Stunde voneinander, und zwischen den beiden Häusern lag ein Wald. Da sprach eines Morgens die Mutter zum Rotkäppchen: „Liebes Rotkäppchen, Großmutter ist schwach und krank geworden und kann nicht zu uns kommen. Ich habe Kuchen gebacken, geh und bringe Großmutter von dem Kuchen und auch eine Flasche Wein, und grüße sie recht schön von mir, und sei recht vorsichtig, daß du nicht fällst und etwa die Flasche zerbrichst, sonst hätte die kranke Großmutter nichts. Laufe nicht im Walde herum, bleibe hübsch auf dem Wege, und bleibe auch nicht zu lange aus."

„Das will ich alles so machen, wie du befiehlst, liebe Mutter", antwortete Rotkäppchen, band ihr Schürzchen um, nahm einen leichten Korb, in den es die Flasche und den Kuchen von der Mutter legen ließ, und ging fröhlichen Schrittes in den Wald hinein. Wie es so völlig arglos dahinwandelte, kam ein

Wolf daher. Das gute Kind kannte noch keine Wölfe und hatte keine Furcht. Als der Wolf näher kam, sagte er: „Guten Tag, Rotkäppchen!" – „Schönen Dank, Herr Graubart!" – „Wo soll es denn hingehen so in aller Frühe, mein liebes Rotkäppchen?" fragte der Wolf. „Zur alten Großmutter, die nicht wohl ist!" antwortete Rotkäppchen. „Was willst du denn dort machen? Du willst ihr wohl was bringen?" – „Ei freilich, wir haben Kuchen gebacken, und Mutter hat mir auch Wein mitgegeben, den soll sie trinken, damit sie wieder stark wird."

„Sage mir doch noch, mein liebes charmantes Rotkäppchen, wo wohnt denn deine Großmutter? Ich möchte wohl einmal, wenn ich an ihrem Hause vorbeikomme, ihr meine Hochachtung an den Tag legen", fragte der Wolf.

„Ei gar nicht weit von hier, ein Viertelstündchen, da steht ja das Häuschen gleich am Walde, Ihr müßt ja daran vorbeigekommen sein. Es stehen Eichenbäume dahinter, und im Gartenzaun wachsen Haselnüsse!" plauderte das Rotkäppchen.

O du allerliebstes, appetitliches Haselnüßchen, du – dachte bei sich der falsche böse Wolf. Dich muß ich knacken, das ist einmal ein süßer Kern. – Und tat als wolle er Rotkäppchen noch ein Stückchen begleiten, und sagte zu ihm: „Sieh nur, wie da drüben und dort drüben so schöne Blumen stehen, und horch nur, wie allerliebst die Vögel singen! Ja, es ist sehr schön im Walde, sehr schön, und wachsen so gute Kräuter hierinne, Heilkräuter, mein liebes Rotkäppchen."

„Ihr seid gewiß ein Doktor, werter grauer Herr?" fragte Rotkäppchen. „Weil Ihr die Heilkräuter kennt. Da könntet Ihr mir ja auch ein Heilkraut für meine kranke Großmutter zeigen!"

„Du bist ein ebenso gutes als kluges Kind!" lobte der Wolf. „Ei freilich bin ich ein Doktor und kenne alle Kräuter, siehst du, hier steht gleich eins, der Wolfsbast, dort im Schatten wachsen die Wolfsbeeren, und hier am sonnigen Rain blüht die Wolfsmilch, dort drüben findet man die Wolfswurz."–

„Heißen denn alle Kräuter nach dem Wolf?" fragte Rotkäppchen.

„Die besten, nur die besten, mein liebes, frommes Kind!"

sprach der Wolf mit rechtem Hohn. Denn alle, die er genannt, waren Giftkräuter. Rotkäppchen aber wollte in ihrer Unschuld der Großmutter solche Kräuter als Heilkräuter pflükken und mitbringen, und der Wolf sagte:

„Lebewohl, mein gutes Rotkäppchen, ich habe mich gefreut, deine Bekanntschaft zu machen. Ich habe Eile, muß eine alte schwache Kranke besuchen!"

Und damit eilte der Wolf von dannen und spornstreichs nach dem Hause der Großmutter, während das Rotkäppchen sich schöne Waldblumen zum Strauße pflückte und die vermeintlichen Heilkräuter sammelte.

Als der Wolf an das Häuschen der Großmutter des Rotkäppchens kam, fand er es verschlossen und klopfte an. Die Alte konnte nicht vom Bette aufstehen und nachsehen, wer da sei, und rief: „Wer ist draußen?"

„Das Rotkäppchen!" rief der Wolf mit verstellter Stimme. „Die Mutter schickt der guten Großmutter Wein und auch Kuchen! Wir haben gebacken!"

„Greife unten durch das Loch in der Türe, da liegt der Schlüssel!" rief die Alte, und der Wolf tat also, öffnete die Türe, trat in das Häuschen, in das Stübchen und verschlang die Großmutter ohne weiteres – zog ihre Kleider an, legte sich in ihr Bett und zog die Decke über sich her und die Bettvorhänge zu. Nach einer Weile kam das Rotkäppchen; es war sehr verwundert, alles so offen zu finden, da doch sonst die Großmutter sich selbst gern unter Schloß und Riegel hielt, und wurd' ihm schier bänglich um das junge Herzchen.

Wie das Rotkäppchen nun an das Bett trat, da lag die alte Großmutter, hatte eine große Schlafhaube auf, und war nur wenig von ihr zu sehen, und das wenige sah gar schrecklich aus. „Ach Großmutter, was hast du so große Ohren?" rief das Rotkäppchen. – „Daß ich dich damit gut hören kann!" war die Antwort. – „Ach Großmutter! Was hast du für große Augen!" – „Daß ich dich damit gut sehen kann!" – „Ei Großmutter, was hast du für haarige, große Hände!" – „Daß ich dich damit gut fassen und halten kann!" – „Ach Großmutter, was hast du für ein großes Maul und so lange Zähne!" – „Daß ich dich damit gut fressen kann!" Und damit fuhr der ganze Wolf grimmig aus dem Bett heraus und fraß das arme Rotkäppchen. Weg war's.

Jetzt war der Wolf sehr satt, und es gefiel ihm sehr im Stübchen der Alten und in dem weichen Bett, und legte sich wieder hin und schlief ein und schnarchte, daß es klang, als schnarre ein Räderwerk in einer Mühle.

Zufällig kam ein Jäger vorbei, der hörte das seltsame Geräusch und dachte: Ei, ei, die arme alte Frau da drinnen hat einen bösen Schnarcher am Leib, sie röchelt wohl gar und liegt im Sterben. Du mußt hinein und nachsehen, was mit ihr ist. – Gedacht, getan. Der Jäger ging in das Häuschen, da fand er den Herrn Isegrim im Bette der Alten liegen, und die Alte war nirgends zu erblicken. „Bist du da?" sprach der Jäger und riß die Kugelbüchse von der Schulter. „Komm du her, du bist mir oft genug entlaufen!" – Schon legte er an – da fiel ihm ein: Halt – die Alte ist nicht da, am Ende hat der Unhold sie mit Haut und Haar verschlungen, war ohnedies nur ein kleines dürres Weiblein. Und da schoß der Jäger nicht, sondern er zog seinen scharfen Hirschfänger und schlitzte ganz sanft dem fest schlafenden Wolf den Bauch auf, da guckte ein rotes Käppchen heraus, und unter dem Käppchen war ein Köpfchen, und da kam das niedliche allerliebste Rotkäppchen heraus, und sagte: „Guten Morgen! Ach was war das für ein dunkles Kämmerchen da drinnen!" – Und hinter dem Rotkäppchen zappelte die alte Großmutter, die war auch noch lebendig, viel Platz hatten sie aber nicht gehabt im Wolfsbauch. – Der Wolf schlief noch immer steinfest, und da nahmen sie Steine, gerade wie die alte Geiß im Märchen von den sieben Geißlein, füllten sie dem Wolf in den Bauch und nähten den Ranzen zu. Hernach versteckten sie sich, und der Jäger trat hinter einen Baum, um zu sehen, was der Wolf endlich anfangen werde. Jetzt wachte der Wolf auf, machte sich aus dem Bett heraus, aus dem Stübchen, aus dem Häuschen, und humpelte zum Brunnen, denn er hatte großen Durst. Unterwegs sagte er: „Ich weiß gar nicht, ich weiß gar nicht, in meinem Bauch wackelt's hin und her, hin und her, wie Wackelstein – sollte das die Großmutter und Rotkäppchen sein?" – Und wie er an den Brunnen kam und trinken wollte, da zogen ihn die Steine und er bekam das Übergewicht und fiel hinein und ertrank. So sparte der Jäger seine Kugel. Er zog den Wolf aus dem Brunnen und zog ihm den Pelz ab. Und alle drei, der Jäger, die Großmutter und das Rotkäppchen, tranken den Wein, aßen den Kuchen und waren seelenvergnügt. Die Großmutter wurde wieder frisch und gesund, und Rotkäppchen ging mit ihrem leeren Körbchen nach Hause und dachte: Du willst niemals wieder vom Wege ab und in den Wald gehen, wenn es dir die Mutter verboten hat.

Quelle:

Ludwig Bechsteins Märchenbuch, Leipzig 1857. Quellengeschichtlich betrachtet, ist die Grimmsche Version aller Wahrscheinlichkeit nach die ältere und „reinere". Bechsteins Fassung besticht jedoch durch Witz und Charme, weshalb ich sie hier bevorzugt habe.

In dem bekannten Märchen vom Rotkäppchen wird dem Leser schon in den ersten beiden Sätzen die Grundproblematik deutlich: Es ist von einer reinen Frauengemeinschaft die Rede, in der das männliche Element fehlt. Als Folge davon wird das Mädchen sehr behütet und verzärtelt. Eine übertriebene Fürsorge legt insbesondere die Großmutter an den Tag. Im Märchen heißt es, sie sei „absonderlich" und „wußte gar nicht, wie gut sie's mit dem Enkelchen meinen sollte". Äußerlich kommt diese „Absonderlichkeit" sehr treffend in dem Käppchen aus Samt zum Ausdruck, das sie dem Mädchen schenkt. Samt ist ein sehr weicher und kostbarer Stoff. Das Rotkäppchen ist also im wahrsten Sinne des Wortes „kostbar behütet". Das Kind läßt sich diese Verwöhnung gerne gefallen: „Es wollte nichts anderes mehr tragen als dieses Käppchen."

Das symbiotische und entwicklungsfeindliche Element wird treffend in dem Überbringen von Kuchen und Wein ausgedrückt: Die Großmutter hat einen zu großen Anteil an der (seelischen) Ernährung. Kuchen und Wein dienen in diesem Zusammenhang als Bilder für seelische Energie.

Sehr ängstlich auf das Wohl und die Sicherheit des Mädchens bedacht ist auch die Mutter: „Laufe nicht im Wald herum, bleibe hübsch auf dem Wege, und bleibe auch nicht zu lange aus." Der Wald steht im Märchen fast immer für den Bereich des geheimnisvollen Unbewußten. Hier lauern allerlei Abenteuer, die den Held und die Heldin in ihrer seelischen Entwicklung voranbringen. Das Rotkäppchen jedoch ist gutgläubig und ahnt nicht, daß die Fürsorge der Mutter ihre Entwicklungschancen einschränkt. In dem Rollenspiel zwischen Mutter und Tochter sind kritische Einwände nicht üblich. Zu den Anordnungen der Mutter sagt Rotkäppchen: „[...] wie du befiehlst, liebe Mutter."

In dieser statischen Dreiergemeinschaft werden viele wichtige und lebensnotwendige Dinge ausgespart, wie z. B. Abenteuer, Risikobereitschaft, das Reich des Unbewußten (Wald) und auch alles Männliche, Erotische und Triebhafte. Auf Dauer kann eine solche Verdrängung natürlich nicht gutgehen. In der Gestalt des „bösen" Wolfes wird nun die von den Frauen auf Sicherheit angelegt Welt mit dem bisher Abgespaltenen konfrontiert. Was der Mensch für sich ablehnt, definiert er allzu schnell als „böse". Er hat Angst, jenes Unerwünschte zu integrieren bzw. – um in der Märchensprache zu bleiben – zu erlösen. Betrachtet man die Dinge genauer, dann ist das Böse sogar unser Heiler! Nur auf der Handlungsebene des Märchens lügt der Wolf das Rotkäppchen an, wenn er sagt, er sei ein Doktor. Psychologisch gesehen, hat er recht. Ohne die Einbeziehung des „Wolfshaften" ist ein ganzheitliches Sein nicht möglich.

Im Mythos war der Wolf Begleiter des römischen Kriegsgottes Mars[1]. In der Astrologie steht der gleichnamige Planet für die aggressiven und sexuellen Urtriebe des Menschen. Auch der Wolf in unserem Märchen paßt in dieses Bild. Er findet das Rotkäppchen „charmant" – sie ist für ihn ein „allerliebstes, appetitliches Haselnüßchen... Dich muß ich knacken, das ist einmal ein süßer Kern." Bei der Interpretation solcher Stellen sollten wir immer daran denken, daß die Märchen in früheren Zeiten für Erwachsene geschrieben wurden. Viele erotische Anspielungen im Text wurden im Laufe der Zeit „bereinigt", damit sie auch Kinderohren „zumutbar" sind.

Bisher hatte das Mädchen noch keinen Kontakt mit der Welt des Erotischen und Triebhaften: „Das gute Kind kannte noch keine Wölfe." Wer sollte das Rotkäppchen auch in diesen Bereich eingeführt haben? Mutter und Großmutter jedenfalls sind bestrebt, das Mädchen vor allen „Gefahren" abzuschotten. Folgerichtig wird im Text der Zustand des Mädchens als „Unschuld" beschrieben. Um zur Frau zu werden, benötigt das Rotkäppchen das Wölfische, wie z. B. Wolfsmilch.

---

[1] Vgl. *Thomas Schäfer*, Bildersprache Astrologie, Wettswil 1991, Kapitel „Mars".

Diese Pflanze wurde früher auch als „Hexenmilch" bezeichnet. Die Hexen stellen diejenigen Frauen dar, die ihrer magisch-weiblichen Kräfte bewußt geworden sind. Einmal im Monat begeben sie sich auf den „Hexenritt". Vieles spricht dafür, daß dies zur Zeit der Menstruation der Fall ist. Gerade in dieser Zeit kann die Frau Zugang zu sonst verschlossenen psychischen Bereichen bekommen[2]. Mensis (lateinisch für „Monat"), Menses (Menstruation) und Mond (Mondzyklus = 28 Tage = Menstruationszyklus) gehören sowohl sprachgeschichtlich als auch inhaltlich eng zusammen.

In unserem Märchen muß der Wolf tun, was seine Aufgabe ist: Er räumt mit der Verdrängung der Urtriebe auf, indem er die Großmutter und das Rotkäppchen frißt. Das Hervorbrechen des Verdrängten ist aber zum Glück nicht lebensbedrohlich; der Wolf verschlang seine Opfer nur – er vergaß zu kauen. Anscheinend ist der Wolf gar nicht so gefährlich, wie man geglaubt hat. Unheimlich ist das ganze natürlich trotzdem: „Ach was war das für ein dunkles Kämmerchen da drinnen!" ruft Rotkäppchen, nachdem es unverletzt von dem Jäger aus dem Wolfsbauch geborgen wird. Umgangssprachlich sagen wir, wenn wir die Orientierung verloren haben: „Ich tappe im dunkeln." Auch Rotkäppchen und die Großmutter tappen im dunkeln und ahnen gar nichts von den möglichen positiven Bedeutungen des bösen Wolfes. Von den beiden wird berichtet, daß sie kaum Platz hatten in dem Bauch des Wolfes. Symbolisch kommt hier wieder die übertriebene Enge im Verhältnis von Enkelin und Großmutter zum Ausdruck, die wir schon zu Anfang im Motiv des roten Samtkäppchens erkannt haben.

Die von den Frauen abgelehnte positive Seite des Wolfes besteht in dessen Sinnlichkeit; dies gilt sowohl im engeren wie im weiteren Sinn des Wortes: Ohren, Augen, Hände und Mund erscheinen sehr groß. Sinnliche oder sinnenhafte Erfah-

---

[2] *Penelope Shuttle / Peter Redgrove,* Die weise Wunde Menstruation, Frankfurt 1982.

rung und (männliche) Tatkraft werden demnach „groß" geschrieben.

Während der Wolf für die bedrohlichen Aspekte der männlichen Kräfte steht, verkörpert der Jäger die positiven Seiten *desselben* (marsischen) Prinzips. In einem überlegten Umgang mit Waffen verdeutlicht der Jäger die kanalisierten und kultivierten Urtriebe. In der Astrologie stellen sowohl Raubtiere als auch Jäger Analogien des Mars-Widder-Prinzips dar. In der Gestalt des Jägers geschieht demnach die Befreiung der beiden Frauen durch eine gleichartige Kraft. Jäger und Wolf können nicht getrennt voneinander betrachtet werden; letztlich sind sie eins.

Den an der Naturmedizin interessierten Leser mag das Gesagte an den Grundsatz der Homöopathie erinnern: „Gleiches wird durch Gleiches geheilt" – nur die Potenzierung macht den Unterschied aus. Im Märchen vom Rotkäppchen ist das Marsprinzip für die Frauen Bedrohung und Rettung in einem (Wolf/Jäger). Der Jäger übernimmt am Ende des Märchens die neue männliche Rolle (statt des Wolfs). Der Wolf wird (vorläufig) nicht mehr gebraucht. Er stürzt in den Brunnen.

Ähnlich wie der Wald ist auch der Brunnen ein Symbol des Unbewußten, manchmal sogar der Jenseitswelt. Wenn der Wolf mit den schweren Steinen in die Tiefe des Brunnens hinabgezogen wird, ist trotzdem jederzeit damit zu rechnen, daß er sich zu einem Stehaufmännchen entwickelt. Der Wolf wird nur dann im Brunnen verschwunden bleiben, wenn das, wofür er steht, *dauerhaft* integriert wird.

Zunächst jedoch herrscht im Märchen eitel Sonnenschein: Jäger, Großmutter und Rotkäppchen schmausen zusammen von dem Kuchen und dem Wein. Damit die Mahlzeit in Ruhe verzehrt werden konnte, bedurfte es der tatkräftigen Mithilfe eines Mannes. Das gemeinsame Genießen zeigt eine momentane Balance zwischen dem Männlichen und dem Weiblichen. Da es jedoch am Schluß des Märchens heißt, Rotkäppchen werde in Zukunft den Wald und die abseitigen Wege streng meiden, ist das Auftauchen neuer Wölfe schon vorprogrammiert. Allein mit Sicherheitsmaßnahmen kann man die Wölfe nicht fernhalten. Schlau wie die Wölfe sind, finden sie meist einen Weg zu ihrem Opfer. Das Verdrängte findet immer zu uns zurück – oft in Form von Bestien und Ungeheuern. In einer älteren Fassung dieses Märchens (Brüder Grimm) ist denn auch folgerichtig von dem späteren Auftauchen eines zweiten Wolfes die Rede.

Im wirklichen Leben begegnen wir Rotkäppchen oft in Gestalt eines weiblichen Teenagers, der sich auf „unerklärliche Weise" und fast gegen den eigenen Willen von einem etwas rohen Typus von Mann fasziniert fühlt, der so gar nicht zum wohlgeordneten elterlichen Milieu zu passen scheint, aus dem er stammt. C. G. Jung würde in diesem Zusammenhang vom Kompensationsprinzip des Schicksals sprechen: Was in der Familie ausgeblendet wird, muß dem Menschen auf andere Art und Weise begegnen, damit er zu einer vollständigen Persönlichkeit heranreifen kann.

2

Menstruation und Geschlechtsreife

RAPUNZEL

E s war einmal ein Mann und eine Frau, die wünschten sich schon lange vergeblich ein Kind; endlich machte sich die Frau Hoffnung, der liebe Gott werde ihren Wunsch erfüllen. Die Leute hatten in ihrem Hinterhaus ein kleines Fenster, daraus konnte man in einen prächtigen Garten sehen, der voll der schönsten Blumen und Kräuter stand. Er war aber von einer hohen Mauer umgeben, und niemand wagte hineinzugehen, weil er einer Zauberin gehörte, die große Macht hatte und von aller Welt gefürchtet ward. Eines Tages stand die Frau an diesem Fenster und sah in den Garten hinab. Da erblickte sie ein Beet, das mit den schönsten Rapunzeln bepflanzt war, und sie sahen so frisch und grün aus, daß sie lüstern ward und das größte Verlangen empfand, von den Rapunzeln zu essen. Das Verlangen nahm jeden Tag zu, und da sie wußte, daß sie keine davon bekommen konnte, so fiel sie ganz ab, sah blaß und elend aus. Da erschrak der Mann und fragte: „Was fehlt dir, liebe Frau?" – „Ach", antwortete sie, „wenn ich keine Rapunzeln aus dem Garten hinter unserm Haus zu essen kriege, so sterbe ich." Der Mann, der sie liebhatte, dachte: Eh' du deine Frau sterben läßt, holst du ihr von den Rapunzeln, es mag kosten, was es will. In der Abenddämmerung stieg er also über die Mauer in den Garten der Zauberin, stach in aller Eile eine Handvoll Rapunzeln und brachte sie seiner Frau. Sie machte sogleich Salat daraus und aß sie voller Begierde auf. Sie hatten ihr aber so gut, so gut geschmeckt, daß sie den andern Tag noch dreimal so viel Lust bekam. Sollte sie Ruhe haben, so mußte der Mann noch einmal in den Garten steigen. Er machte sich also in der Abenddämmerung wieder hinab. Als er aber die Mauer herabgeklettert war, erschrak er gewaltig, denn er sah die Zauberin vor sich stehen. „Wie kannst du es wagen" sprach sie mit zornigem Blick, in meinen Garten zu steigen und wie ein Dieb mir meine Rapunzeln zu stehlen? Das soll dir schlecht bekommen." – „Ach" antwortete er, „laßt Gnade für Recht ergehen, ich habe mich nur aus Not dazu entschlossen; meine Frau hat Eure Rapunzeln aus dem Fenster erblickt und empfindet ein so großes Gelüsten, daß sie sterben würde, wenn sie nicht davon zu essen bekäme." Da ließ die Zauberin in ihrem Zorne nach und sprach zu ihm: „Verhält es sich so, wie du sagst, so will ich dir gestatten, Rapunzeln mitzunehmen, soviel du willst, allein, ich mache eine Bedingung: Du mußt mir das Kind geben, das deine Frau zur Welt bringen wird. Es soll ihm gutgehen, und ich will für es sorgen wie eine Mutter." Der Mann sagte in der Angst alles zu, und als die Frau in die Wochen kam, so erschien sogleich die Zauberin, gab dem Kinde den Namen Rapunzel und nahm es mit sich fort.

Rapunzel ward das schönste Kind unter der Sonne. Als es zwölf Jahre alt war, schloß es die Zauberin in einen Turm, der in einem Walde lag und weder Treppe noch Türe hatte, nur ganz oben war ein kleines Fensterchen. Wenn die Zauberin hinein wollte, so stellte sie sich unten hin und rief:

„Rapunzel, Rapunzel,
Laß mir dein Haar herunter."

Rapunzel hatte lange, prächtige Haare, fein wie gesponnen Gold. Wenn sie nun die Stimme der Zauberin vernahm, so band sie ihre Zöpfe los, wickelte sie oben um einen Fensterhaken, und dann fielen die Haare zwanzig Ellen tief herunter, und die Zauberin stieg daran hinauf.

Nach ein paar Jahren trug es sich zu, daß der Sohn des Königs durch den Wald ritt und an dem Turm vorüberkam. Da hörte er einen Gesang, der war so lieblich, daß er stille hielt und horchte. Das war Rapunzel, die in ihrer Einsamkeit sich die Zeit damit vertrieb, ihre süße Stimme erschallen zu lassen.

Der Königssohn wollte zu ihr hinaufsteigen und suchte nach einer Türe des Turms, aber es war keine zu finden. Er ritt heim, doch der Gesang hatte ihm so sehr das Herz gerührt, daß er jeden Tag hinaus in den Wald ging und zuhörte. Als er einmal so hinter einem Baum stand, sah er, daß eine Zauberin herankam, und hörte, wie sie hinaufrief:

„Rapunzel, Rapunzel,
Laß dein Haar herunter."

Da ließ Rapunzel die Haarflechten herab, und die Zauberin stieg zu ihr hinauf. „Ist das die Leiter, auf welcher man hinaufkommt, so will ich auch einmal mein Glück versuchen." Und den folgenden Tag, als es anfing dunkel zu werden, ging er zu dem Turme und rief:

„Rapunzel, Rapunzel,
Laß dein Haar herunter."

Alsbald fielen die Haare herab, und der Königssohn stieg hinauf.

Anfangs erschrak Rapunzel gewaltig, als ein Mann zu ihr hereinkam, wie ihre Augen noch nie einen erblickt hatten, doch der Königssohn fing an, ganz freundlich mit ihr zu reden, und erzählte ihr, daß von ihrem Gesang sein Herz so sehr sei bewegt worden, daß es ihm keine Ruhe gelassen und er sie selbst habe sehen müssen. Da verlor Rapunzel ihre Angst, und als er sie fragte, ob sie ihn zum Manne nehmen wollte, und sie sah, daß er jung und schön war, so dachte sie: Der wird mich lieber haben als die alte Frau Gothel, und sagte ja und legte ihre Hand in seine Hand. Sie sprach: „Ich will gerne mit dir gehen, aber ich weiß nicht, wie ich herabkommen kann. Wenn du kommst, so bring jedesmal einen Strang Seide mit, daraus will ich eine Leiter flechten, und wenn die fertig ist, so steige ich herunter, und du nimmst mich auf dein Pferd." Sie verabredeten, daß er bis dahin alle Abend zu ihr kommen sollte, denn bei Tag kam die Alte. Die Zauberin merkte auch nichts davon, bis einmal Rapunzel anfing und zu ihr sagte: „Sag sie mir doch, Frau Gothel, wie kommt es nur, sie wird mir viel schwerer heraufzuziehen als der junge

Königssohn, der ist in einem Augenblick bei mir." – „Ach, du gottloses Kind", rief die Zauberin, „was muß ich von dir hören; ich dachte, ich hätte dich von aller Welt geschieden, und du hast mich doch betrogen!" In ihrem Zorne packte sie die schönen Haare der Rapunzel, schlug sie ein paarmal um ihre linke Hand, griff eine Schere mit der rechten, und ritsch, ratsch, waren sie abgeschnitten, und die schönen Flechten lagen auf der Erde. Und sie war so unbarmherzig, daß sie die arme Rapunzel in eine Wüstenei brachte, wo sie in großem Jammer und Elend leben mußte.

Denselben Tag aber, wo sie Rapunzel verstoßen hatte, machte abends die Zauberin die abgeschnittenen Flechten oben am Fensterhaken fest, und als der Königssohn kam und rief:

„Rapunzel, Rapunzel,
Laß dein Haar herunter",

so ließ sie die Haare hinab. Der Königssohn stieg hinauf, aber er fand oben nicht seine liebste Rapunzel, sondern die Zauberin, die ihn mit bösen und giftigen Blicken ansah. „Aha", rief sie höhnisch, „du willst die Frau Liebste holen, aber der schöne Vogel sitzt nicht mehr im Nest und singt nicht mehr; die Katze hat ihn geholt und wird dir auch noch die Augen auskratzen. Für dich ist Rapunzel verloren, du wirst sie nie wieder erblikken." Der Königssohn geriet außer sich vor Schmerz, und in der Verzweiflung sprang er den Turm hinab. Das Leben brachte er davon, aber die Dornen, in die er fiel, zerstachen ihm die Augen. Da irrte er blind im Walde umher, aß nichts als Wurzeln und Beeren und tat nichts als jammern und weinen über den Verlust seiner liebsten Frau. So wanderte er einige Jahre im Elend umher und geriet endlich in die Wüstenei, wo Rapunzel mit den Zwillingen, die sie geboren hatte, einem Knaben und Mädchen, kümmerlich lebte. Er vernahm eine Stimme, und sie deuchte ihm so bekannt – da ging er darauf zu, und wie er herankam, erkannte ihn Rapunzel und fiel ihm um den Hals und weinte. Zwei von ihren Tränen aber benetzten seine Augen, da wurden sie wieder klar, und er konnte damit sehen wie sonst. Er führte sie in sein Reich, wo er mit Freude empfangen ward, und sie lebten noch lange glücklich und vergnügt.

Quelle:

Die Märchen der Brüder Grimm, München 1989. Der Text entspricht der Ausgabe von 1857.

Die Hauptpersonen dieses Märchens sind wiederum Frauen:
Mutter, Tochter und Hexe. Beim oberflächlichen Lesen wird
man vermutlich nicht sofort bemerken, daß es in diesem bekannten Grimmschen Text um die Themen weibliche Sexualität und Menstruation geht.

Wenn im Märchen eine Frau kein Kind bekommen kann,
dann weist dies meist über eine biologische Unfruchtbarkeit
hinaus: Das kreative und lebensschöpferische Element muß
erst noch geweckt werden. In „Rapunzel" wird das Kreative
durch den „prächtigen Garten" dargestellt, der voll von schönen Kräutern und Blumen ist. Es ist bezeichnend, daß man diesen Garten nur vom Hinterhaus aus durch ein kleines Fenster
betrachten kann. Die Verbindung zum Schöpferischen ist also
äußerst schwach ausgeprägt.

Was lange unterdrückt wurde, muß sich jedoch irgendwann
regen. Plötzlich will die Frau unbedingt von den Rapunzeln des
Gartens essen. Ähnlich wie Eva im Paradies kann sie der „Ver-
suchung" nicht widerstehen. In unserem Text wird ihr Zustand durch folgende Begriffe beschrieben: „lüstern", „das
größte Verlangen" und „voller Begierde". Diese Bezeichnungen
machen deutlich, daß die Frau nicht nur einen bloßen Appetit
auf eine bestimmte Nahrung hat – dazu ist die Betonung des
„Begierdehaften" zu groß. Es geht auch nicht um irgendeine
Speise, sondern um Rapunzeln (Feldsalat). Dieser Salat ist sehr
eisenhaltig und kann den bei der Menstruation einsetzenden
Eisenverlust der Frau wieder ausgleichen. Des weiteren muß
auch noch die sogenannte „echte Rapunzel" (Nachtkerze) erwähnt werden. Präparate aus Nachtkerzenöl werden häufig
beim prämenstruellen Syndrom (PMS) eingesetzt.

Auch wenn unsere „zivilisierte" Gesellschaft es schon lange
verdrängt hat, so ist doch das sexuelle Verlangen der Frau zu
Beginn der Periode besonders groß. Neuere Untersuchungen
haben dies eindeutig bestätigt. Da gleichzeitig jedoch der Beischlaf während des „Fluches der Frau" unter einem traditionel-

len Tabu steht, haben viele Frauen verlernt, ihre in dieser Zeit auftretende Unruhe zu deuten.

In ethnologischen Studien über den Umgang verschiedener Kulturen mit der Menses wird oft der „magische Charakter" dieser Zeit deutlich: In dieser Phase erscheint die Frau außergewöhnlich sensibel und oft auch labil; sie kann – wenn sie ihm nicht aus unbewußter Angst ausweicht – einen sehr guten Kontakt zu ihrem Unbewußten bekommen. In manchen Kulturen wurden pubertierende Mädchen verpflichtet, sich die Träume ihrer Menarche (erste Menstruation) zu merken; aus ihnen deutet dann der Medizinmann oder der Zauberer das zukünftige Leben der jeweiligen Frau. Die oft seltsam anmutenden menstruellen Tabus (räumliche Isolation der Frauen von der Gemeinschaft) hatten meist den Zweck, sie während ihrer rezeptiven Zeit zu schützen, damit sie Träume und Weissagungen zum Nutzen der Allgemeinheit hervorbringen konnten.

Die Frauen unserer westlichen Gesellschaft sind leider auf die negativen Seiten der monatlichen Blutung fixiert. Die gesellschaftliche Ächtung dieses Bluts und die dadurch bewirkte Weigerung der Frauen, während dieser Zeit nach innen zu schauen, bewirken erst die Depressionen und die anderen bekannten Begleiterscheinungen. Auch die Verdrängung der während der Periode erwachenden Sexualität spielt eine große Rolle. Nach den amerikanischen Sexualwissenschaftlern Masters und Johnson ist die Masturbation ein besonders wirksames Mittel gegen Krämpfe und andere Menstruationsschmerzen[1]. Medizinische und psychologische Untersuchungen haben herausgefunden, daß viele Frauen, die normalerweise nicht masturbieren, dies während der Menstruation oft tun. Wer jedoch, bedingt durch seine religiöse Erziehung, die Masturbation mit schlimmer Sünde gleichsetzt und die inneren

---

[1] *Penelope Shuttle / Peter Redgrove,* Die weise Wunde Menstruation, Frankfurt 1982, S. 85.

Bedürfnisse bekämpft, entwickelt nicht selten negative psychische Symptome.

Der Zusammenhang zwischen weiblicher Sexualität und Menstruation muß wieder mehr in Erinnerung gerufen werden. Stellvertretend für viele andere Untersuchungen sei hier die Forscherin Paula Weideger zitiert; für sie ist es kein Zufall, daß die „menstruelle Seuche" gerade dann ausbricht, wenn die sexuelle Spannung der Frau am größten ist: „Es klingt widersinnig, wenn ich sage, daß die Menstruation eine sexuelle Erfahrung ist. Aber es ist so. Menstruationsblut ... enthält ein Element, das zu enormer Kraft fähig ist. Es ist ein sexuelles Element ..."[2] Die bislang von der Wissenschaft vertretene Behauptung, daß die Libido allein zur Eisprungphase in die Höhe schnelle, ist eindeutig falsch. Welche Chancen die Frau u. a. während ihrer angeblich „verfluchten Zeit" verwirklichen kann, berichtet Bernard Gindes:

„Manche Frauen, die frei von inneren Ängsten und Komplexen ihre Sexualität erleben, stellen fest, daß die Periode ihre geistige Kraft und Sensitivität steigert. Sie richten ihr Leben deshalb so ein, daß sie sich in dieser Zeit weniger körperlich betätigen und statt dessen ihren stimulierten Geist zum Lesen und Schreiben, für Briefe und Studien benutzen. Eine meiner Patientinnen, eine Filmschauspielerin, memorierte während ihrer Periode ganze Drehbücher, im Gegensatz zur sonst über den ganzen Monat hinweg verteilten stückweisen Vorbereitung auf den Drehtag. Diese Möglichkeit erlaubt der Patientin nicht nur schmerzfrei zu sein, sondern auch jeden Tag im Monat zu nutzen und zu genießen[3].

Die Abschweifung an dieser Stelle ist notwendig gewesen, weil die Wahrheiten, die das Märchen vom Rapunzel aufzuzeigen versucht, so lange schon von unserer Gesellschaft zugedeckt werden. Die Frau, die sich während ihrer Periode aktiv mit ihren „magischen" und schöpferischen Seiten auseinandersetzt, betritt den Bereich der Zauberei (Hexe). Nicht umsonst gehört

---

[2] *Paula Weideger*, Menstruation and Menopause, New York 1975, zitiert nach Shuttle/Redgrove S. 87.
[3] Zitiert nach *Shuttle / Redgrove*, a.a.O., S. 174.

das Rapunzelbeet zum Garten einer Frau, „die große Macht hatte". Hexen und Zauberinnen verkörpern u. a. den bewußten Einsatz weiblicher Energien. Nachdem nun die Frau aus dem Garten endlich die Rapunzeln bekommt, wird sie schwanger. Ihre „unfruchtbare Phase" ist damit vorbei.

Die Tochter hat ihren Namen nicht zufällig nach der Pflanze erhalten. Einerseits verkörpert Rapunzel die Weiblichkeit in strahlender Form („das schönste Kind unter der Sonne"), andererseits jedoch scheint sie einen Teil der früheren Probleme ihrer Mutter „bearbeiten" zu müssen: Sie wird in einen Turm gesperrt, „der in einem Walde lag und weder Türe noch Treppe hatte, nur ganz oben war ein kleines Fensterchen". Der Turm ist in der Psychoanalyse sowohl ein Phallussymbol als auch – wenn er ohne Türen und verschlossen ist – ein Symbol für die Jungfräulichkeit. Die Turmsituation entspricht der „unfruchtbaren" Hinterhaussituation der Mutter – auch hier war die Rede von einem kleinen Fenster.

Obwohl ein Märchen immer auf mehrere Arten sinnvoll gedeutet werden kann, spricht hier doch einiges dafür, daß die Zauberin die destruktive Seite der Mutter einnimmt. Seit die Mutter ihre eigene Sexualität und Kreativität entdeckt hat, beneidet sie ihre schöne Tochter. Hellhörig sollte uns der Zeitpunkt machen, zu dem das Mädchen in den Turm gesperrt wird: sie ist zwölf Jahre. In dieser Zeit setzt die Menarche ein! Auch an anderer Stelle zeigt sich der Bezug der Hexe zum Mütterlichen: „Es soll ihr gutgehen, und ich will für es sorgen wie eine Mutter", sagt die Zauberin. Das Hexenprinzip, das die Mutter zweitweise für sich hat nutzen können, wendet sie nun in negativer Form – nachdem sie gealtert ist und sich wieder der Unfruchtbarkeit (Menopause) nähert – gegen die eigene Tochter. Anscheinend war die Mutter unfähig, ihre Fruchtbarkeit dauerhaft geistig umzusetzen. Statt dessen entwickelt sich zur Tochter eine Rivalitätsverhältnis.

Auch im realen Leben können wir solche Mutter-Tochter-Rivalitäten antreffen. Häufig sind sie sehr subtil und werden den Beteiligten nur schemenhaft bewußt.

Im Märchen kann die geschlechtlich noch unberührte Rapunzel von der eifersüchtigen Zauberin bzw. Mutter nicht auf Dauer als Konkurrentin ausgeschaltet werden. Die starke erotische Ausstrahlung des Mädchens kommt sehr deutlich in dem Gesang und den goldenen, langen Haaren zum Ausdruck. Die Symbolik der Haare kann zwar nicht auf ihre erotischen Aspekte reduziert werden, doch in unserem Zusammenhang ist genau diese Bedeutungsebene wichtig; es sind nämlich die Haare, die dem Königssohn den Weg zu seiner Auserwählten ermöglichen.

Bislang jedoch hatte Rapunzel noch keine Männererfahrung, und auch ansonsten ist sie noch etwas naiv: Sie erzählt unbekümmert der Zauberin von dem Besuch des Prinzen. Rapunzel hat anscheinend noch großes Vertrauen zu ihr. Der Text erwähnt *nicht*, daß Rapunzel sich etwa versprochen hätte – sie dachte sich offensichtlich nichts dabei, Besuch von einem fremden Mann zu bekommen. Die Eifersucht der Hexe (Mutter) ist noch nicht in ihr Bewußtsein gedrungen. Auch mit der Möglichkeit einer Schwangerschaft hatte sie vermutlich nicht gerechnet. Ihrem Namen „Rapunzel" macht das Mädchen zunächst keine Ehre. Sie muß ihren Namen erst noch zum Programm erheben und bewußter ihre eigene Weiblichkeit erleben.

Der zunehmende Widerspruch zwischen ihrer natürlichen erotischen Ausstrahlung (ihren Namen inbegriffen) und ihrer Erfahrungsarmut offenbart sich äußerlich im Haareschneiden. Die Zauberin „stutzt" sie zurecht. Außerdem rächt sie sich an der immer bedrohlicher werdenden Konkurrentin, der dieser Umstand jedoch gar nicht bewußt ist. Statt nur nach außen hin mit ihren langen Haaren schön zu wirken, soll Rapunzel jetzt auch nach innen schauen. Zu diesem Zweck wird sie in die Wüstenei geschickt.

Auch der Königssohn scheint in seelischer Hinsicht noch unreif für eine echte Partnerschaft zu sein. Blind zu werden bedeutet in der Umgangssprache wie im Märchen, daß man seine Erkenntnismöglichkeit nur ungenügend nutzt. In der Ernährungsweise (Wurzeln und Beeren) spielt das Märchen auf die Notwendigkeit des sich „Erdens" an.

Durch ihr Elend werden sie schließlich reif für eine Beziehung. Das Mitgefühl Rapunzels (Tränen) bewirkt die Rückkehr der Sehfähigkeit des Prinzen. In der Geburt eines männlichen und eines weiblichen Zwillings drückt sich das nun entstandene Gleichgewicht zwischen Männlichem und Weiblichem aus. Einer vielversprechenden Partnerschaft steht nun nichts mehr im Wege.

3

Unterdrückung durch die Familie

EINÄUGLEIN, ZWEIÄUGLEIN UND
DREIÄUGLEIN

Es war eine Frau, die hatte drei Töchter, davon hieß die älteste „Einäuglein", weil sie nur ein einziges Auge mitten auf der Stirn hatte, und die mittelste „Zweiäuglein", weil sie zwei Augen hatte wie andere Menschen, und die jüngste „Dreiäuglein", weil sie drei Augen hatte, und das dritte stand bei ihr gleichfalls mitten auf der Stirne. Darum aber, daß Zweiäuglein nicht anders aussah als andere Menschenkinder, konnten es die Schwestern und die Mutter nicht leiden. Sie sprachen zu ihm: „Du mit deinen zwei Augen bist nicht besser als das gemeine Volk, du gehörst nicht zu uns." Sie stießen es herum und warfen ihm schlechte Kleider hin und gaben ihm nicht mehr zu essen, als was sie übrigließen, und taten ihm Herzeleid an, wo sie nur konnten.

Es trug sich zu, daß Zweiäuglein hinaus ins Feld gehen und die Ziege hüten mußte, aber noch ganz hungrig war, weil ihm seine Schwestern so wenig zu essen gegeben hatten. Da setzte es sich auf einen Rain und fing an zu weinen und so zu weinen, daß zwei Bächlein aus seinen Augen herabflossen. Und wie es in seinem Jammer einmal aufblickte, stand eine Frau neben ihm, die fragte: „Zweiäuglein, was weinst du?" Zweiäuglein antwortete: „Soll ich nicht weinen? Weil ich zwei Augen habe wie andere Menschen, so können mich meine Schwestern und meine Mutter nicht leiden, stoßen mich aus einer Ecke in die andere, werfen mir alte Kleider hin und geben mir nichts zu essen, als was sie übriglassen. Heute haben sie mir so wenig gegeben, daß ich noch ganz hungrig bin." Sprach die weise Frau: „Zweiäuglein, trockne dir dein Angesicht, ich will dir etwas sagen, daß du nicht mehr hungern sollst. Sprich nur zu deiner Ziege:

> ‚Zicklein, meck,
> Tischlein, deck‘,

so wird ein sauber gedecktes Tischlein vor dir stehen und das schönste Essen darauf, daß du essen kannst, soviel du Lust hast. Und wenn du satt bist und das Tischlein nicht mehr brauchst, so sprich nur:

> ‚Zicklein, meck,
> Tischlein, weg‘,

so wird's vor deinen Augen wieder verschwinden." Darauf ging die weise Frau fort. Zweiäuglein aber dachte: Ich muß gleich einmal versuchen, ob es wahr ist, was sie gesagt hat, denn mich hungert gar zu sehr, und sprach:

> „Zicklein, meck,
> Tischlein, deck",

und kaum hatte sie die Worte ausgesprochen, so stand da ein Tischlein mit einem weißen Tüchlein gedeckt. Darauf ein Teller mit Messer und Gabel und silbernem Löffel, die schönsten Speisen standen rundherum, rauchten und waren noch warm, als wären sie eben aus der Küche gekommen. Da sagte Zweiäuglein das kürzeste Gebet her, das es wußte: „Herr Gott, sei unser Gast zu aller Zeit, Amen", langte zu und ließ sich's wohl schmecken. Und als es satt war, sprach es, wie die weise Frau gelehrt hatte:

> „Zicklein, meck,
> Tischlein, weg".

Alsbald war das Tischchen und alles, was darauf stand, wieder verschwunden. Das ist ein schöner Haushalt, dachte Zweiäuglein und war ganz vergnügt und guter Dinge.

Abends, als es mit seiner Ziege heimkam, fand es ein irdenes Schüsselchen mit Essen, das ihm die Schwestern hingestellt hatten, aber es rührte nichts an. Am andern Tag zog es mit seiner Ziege wieder hinaus und ließ die paar Brocken, die ihm gereicht wurden, liegen. Das erstemal und das zweitemal beachteten es die Schwestern gar nicht; wie es aber jedesmal geschah, merkten sie auf und sprachen: „Es ist nicht richtig mit dem Zweiäuglein, das läßt jedesmal das Essen stehen und hat doch sonst alles aufgezehrt, was ihm gereicht wurde – das muß andere Wege gefunden haben." Damit sie aber hinter die Wahrheit kämen, sollte Einäuglein mitgehen, wenn Zweiäuglein die Ziege auf die Weide trieb, und sollte achten, was es da vorhätte und ob ihm jemand etwa Essen und Trinken brächte.

Als nun Zweiäuglein sich wieder aufmachte, trat Einäuglein zu ihm und sprach: „Ich will mit ins Feld und sehen, daß die Ziege auch recht gehütet und ins Futter getrieben wird." Aber Zweiäuglein merkte, was Einäuglein im Sinne hatte, und trieb die Ziege hinaus ins hohe Gras und sprach: „Komm, Einäuglein, wir wollen uns hinsetzen, ich will dir was vorsagen." Einäuglein setzte sich hin und war von dem ungewohnten Weg und von der Sonnenhitze müde, und Zweiäuglein sang immer:

„Einäuglein, wachst du?
Einäuglein, schläfst du?"

Da tat das Einäuglein das eine Auge zu und schlief ein. Und als Zweiäuglein sah, daß Einäuglein fest schlief und nichts verraten konnte, sprach es:

„Zicklein, meck,
Tischlein, deck",

und setzte sich an sein Tischlein und aß und trank, bis es satt war; dann rief es wieder:

„Zicklein, meck,
Tischlein, weg",

und alles war augenblicklich verschwunden. Zweiäuglein weckte nun Einäuglein und sprach: „Einäuglein, du willst hüten und schläfst dabei ein, derweil hätte die Ziege in alle Welt laufen können; komm, wir wollen nach Hause gehen." Da gingen sie nach Haus, und Zweiäuglein ließ wieder sein Schüsselchen unangerührt stehen, und Einäuglein konnte der Mutter nicht verraten, warum es nicht essen wollte, und sagte zu seiner Entschuldigung: „Ich war draußen eingeschlafen."

Am andern Tag sprach die Mutter zu Dreiäuglein: „Diesmal sollst du mitgehen und achthaben, ob Zweiäuglein draußen ißt und ob ihm jemand Essen und Trinken bringt, denn essen und trinken muß es heimlich." Da trat Dreiäuglein zum Zweiäuglein und sprach: „Ich will mitgehen und sehen, ob auch die Ziege recht gehütet und ins Futter getrieben wird." Aber Zweiäuglein merkte, was Dreiäuglein im Sinne hatte, und trieb die Ziege hinaus ins hohe Gras und sprach: „Wir wollen uns da hinsetzen, Dreiäuglein, ich will dir was vorsingen". Dreiäuglein setzte sich und war müde von dem Weg und der Sonnenhitze, und Zweiäuglein hub wieder das vorige Liedlein an und sang:

   „Dreiäuglein, wachst du?"

Aber statt daß es nun singen mußte:

   „Dreiäuglein, schläfst du?"

sang es aus Unbedachtsamkeit:

   „Zweiäuglein, schläfst du?"

und sang immer:

   „Dreiäuglein, wachst du?
   Zweiäuglein, schläfst du?"

Da fielen dem Dreiäuglein seine zwei Augen zu und schliefen, aber das dritte, weil es von dem Sprüchlein nicht angeredet war, schlief nicht ein. Zwar tat es Dreiäuglein zu, aber nur aus List, gleich als schliefe es auch damit; doch blinzelte es und konnte alles gar wohl sehen. Und als Zweiäuglein meinte, Dreiäuglein schliefe fest, sagte es sein Sprüchlein:

   „Zicklein, meck,
   Tischlein, deck",

aß und trank nach Herzenslust und hieß dann das Tischlein wieder fortgehen:

   „Zicklein, meck,
   Tischlein, weg",

und Dreiäuglein hatte alles mitangesehen. Da kam Zweiäuglein zu ihm, weckte es und sprach: „Ei, Dreiäuglein, bist du eingeschlafen? Du kannst gut hüten! Komm, wir wollen heimgehen." Und als sie nach Haus kamen, aß Zweiäuglein wieder nicht, und Dreiäuglein sprach zur Mutter: „Ich weiß nun, warum das hochmütige Ding nicht ißt; wenn sie draußen zur Ziege spricht:

,Zicklein, meck,
Tischlein, deck',

so steht ein Tischlein vor ihr, das ist mit dem besten Essen besetzt, viel besser, als wir's hier haben; und wenn sie satt ist, so spricht sie:

,Zicklein, meck,
Tischlein, weg',

und alles ist wieder verschwunden; ich habe alles genau mitangesehen. Zwei Augen hatte sie mir mit einem Sprüchlein eingeschläfert, aber das eine auf der Stirne, das war zum Glück wach geblieben." Da rief die neidische Mutter: „Willst du's besser haben als wir? Die Lust soll dir vergehen!" Sie holte ein Schlachtmesser und stieß es der Ziege ins Herz, daß sie tot hinfiel.

Als Zweiäuglein das sah, ging es voll Trauer hinaus, setzte sich auf den Feldrain und weinte seine bitteren Tränen. Da stand auf einmal die weise Frau wieder neben ihm und sprach: „Zweiäuglein, was weinst du?" – „Soll ich nicht weinen!" antwortet es. „Die Ziege, die mir jeden Tag, wenn ich Euer Sprüchlein hersagte, den Tisch so schön deckte, ist von meiner Mutter totgestochen; nun muß ich wieder Hunger und Kummer leiden." Die weise Frau sprach: „Zweiäuglein, ich will dir einen guten Rat erteilen – bitt' deine Schwestern, daß sie dir das Eingeweide von der geschlachteten Ziege geben, und vergrab es vor der Haustür in die Erde, so wird's dein Glück sein." Da verschwand sie, und Zweiäuglein ging heim und sprach zu den Schwestern: „Liebe Schwestern, gebt mir doch etwas von meiner Ziege, ich verlange nichts Gutes, gebt mir nur das Eingeweide." Da lachten sie und sprachen: „Kannst du haben, wenn du weiter nichts willst." Und Zweiäuglein nahm das Eingeweide und vergrub's abends in aller Stille nach dem Rate der weisen Frau vor der Haustür.

Am andern Morgen, als sie insgesamt erwachten und vor die

Haustür traten, so stand da ein wunderbarer prächtiger Baum, der hatte Blätter von Silber, und Früchte von Gold hingen dazwischen, daß wohl nichts Schöneres und Köstlicheres auf der weiten Welt war. Sie wußten aber nicht, wie der Baum in der Nacht dahingekommen war, nur Zweiäuglein merkte, daß er aus dem Eingeweide der Ziege aufgewachsen war, denn er stand gerade da, wo sie es in die Erde begraben hatte. Da sprach die Mutter zu Einäuglein: „Steig hinauf, mein Kind, und brich uns die Früchte von dem Baume ab." Einäuglein stieg hinauf, aber wie es einen von den goldenen Äpfeln greifen wollte, so fuhr ihm der Zweig aus den Händen; und das geschah jedesmal, so daß es keinen einzigen Apfel brechen konnte, es mochte sich anstellen, wie es wollte. Da sprach die Mutter: „Dreiäuglein, steig du hinauf, du kannst mit deinen drei Augen besser um dich schauen als Einäuglein." Einäuglein rutschte herunter, und Dreiäuglein stieg hinauf. Aber Dreiäuglein war nicht geschickter und mochte schauen, wie es wollte, die goldenen Äpfel wichen immer zurück. Endlich ward die Mutter ungeduldig und stieg selbst hinauf, konnte aber sowenig wie Einäuglein und Dreiäuglein die Frucht fassen und griff immer in die leere Luft. Da sprach Zweiäuglein: „Ich will mich einmal hinaufmachen, vielleicht gelingt mir's eher." Die Schwestern riefen zwar: „Du mit deinen zwei Augen, was willst du wohl!" Aber Zweiäuglein stieg hinauf, und die goldenen Äpfel zogen sich nicht vor ihm zurück, sondern ließen sich von selbst in seine Hand herab, so daß es einen nach dem anderen abpflücken konnte und ein ganzes Schürzchen voll mit herunterbrachte. Die Mutter nahm sie ihm ab, und statt daß sie, Einäuglein und Dreiäuglein, dafür das arme Zweiäuglein hätten besser behandeln sollen, so wurden sie nur neidisch, daß es allein die Früchte holen konnte, und gingen noch härter mit ihm um.

Es trug sich zu, als sie einmal beisammen an dem Baum standen, daß ein junger Ritter daherkam. „Geschwind, Zweiäuglein", riefen die zwei Schwestern, „kriech unter, daß wir uns deiner nicht schämen müssen", und stürzten über das arme

Zweiäuglein in aller Eil ein leeres Faß, das gerade neben dem Baume stand, und schoben die goldenen Äpfel, die es abgebrochen hatte, auch darunter. Als nun der Ritter näher kam, war es ein schöner Herr, der hielt still, bewunderte den prächtigen Baum von Gold und Silber und sprach zu den beiden Schwestern: „Wem gehört dieser schöne Baum? Wer mir einen Zweig davon gäbe, könnte dafür verlangen, was er wollte." Da antworteten Einäuglein und Dreiäuglein, der Baum gehörte ihnen, und sie wollten ihm einen Zweig wohl abbrechen. Sie gaben sich auch beide große Mühe, aber sie waren dazu nicht imstande, denn die Zweige und Früchte wichen jedesmal vor ihnen zurück. Da sprach der Ritter: „Das ist ja wunderlich, daß der Baum euch zugehört und ihr doch nicht Macht habt, etwas davon abzubrechen." Sie blieben dabei, der Baum wäre ihr Eigentum. Indem sie aber so sprachen, rollte Zweiäuglein unter dem Fasse ein paar goldene Äpfel heraus, so daß sie zu den Füßen des Ritters liefen, denn Zweiäuglein war bös, daß Einäuglein und Dreiäuglein nicht die Wahrheit sagten. Wie der Ritter die Äpfel sah, erstaunte er und fragte, wo sie herkämen. Einäuglein und Dreiäuglein antworteten, sie hätten noch eine Schwester, die dürfte sich aber nicht sehen lassen, weil sie nur zwei Augen hätte wie andere gemeine Menschen. Der Ritter aber verlangte sie zu sehen und rief: „Zweiäuglein, komm hervor." Da kam Zweiäuglein ganz getrost unter dem Faß hervor, und der Ritter war verwundert über seine große Schönheit und sprach: „Du, Zweiäuglein, kannst mir gewiß einen Zweig von dem Baum abbrechen." – „Ja", antwortete Zweiäuglein, „das will ich wohl können, denn der Baum gehört mir", und stieg hinauf und brach mit leichter Mühe einen Zweig mit feinen silbernen Blättern und goldenen Früchten ab und reichte ihn dem Ritter hin. Da sprach der Ritter: „Zweiäuglein, was soll ich dir dafür geben?" – „Ach", antwortete Zweiäuglein, „ich leide Hunger und Durst, Kummer und Not vom frühen Morgen bis zum späten Abend – wenn Ihr mich mitnehmen und erlösen wollt, so wäre ich glücklich." Da hob der Ritter das Zweiäuglein auf sein Pferd und brachte es heim auf sein väterliches Schloß. Dort gab er ihm schöne Kleider, Essen und Trinken nach Herzenslust, und weil er es so liebhatte, ließ er sich mit ihm einsegnen, und ward die Hochzeit in großer Freude gehalten.

Wie nun Zweiäuglein so von dem schönen Rittersmann fortgeführt ward, da beneideten die zwei Schwestern ihm erst recht sein Glück. Der wunderbare Baum bleibt uns doch, dachten sie, können wir auch keine Früchte davon brechen, so wird doch jedermann davor stehenbleiben, zu uns kommen und ihn rühmen; wer weiß, wo unser Weizen noch blüht! Aber am andern Morgen war der Baum verschwunden und ihre Hoffnung dahin. Und wie Zweiäuglein zu seinem Kämmerlein hinaussah, so stand er zu seiner großen Freude davor und war ihm also nachgefolgt.

Zweiäuglein lebte lange Zeit vergnügt. Einmal kamen zwei arme Frauen zu ihm auf das Schloß und baten um ein Almosen. Da sah ihnen Zweiäuglein ins Gesicht und erkannte seine Schwestern Einäuglein und Dreiäuglein, die so in Armut geraten waren, daß sie umherziehen und vor den Türen ihr Brot suchen mußten. Zweiäuglein aber hieß sie willkommen und tat ihnen Gutes und pflegte sie, also daß die beiden von Herzen bereuten, was sie ihrer Schwester in der Jugend Böses angetan hatten.

Quelle:

Die Märchen der Brüder Grimm, München 1989. Der Text folgt der Ausgabe von 1857.

Ähnlich wie im Märchen vom Rotkäppchen finden wir auch hier eine reine Frauengemeinschaft vor, bei der das männliche Prinzip am Ende – zumindest für die Heldin – die Erlösung bringt. Im Vordergrund steht jedoch zunächst der Kampf von Zweiäuglein gegen die Unterdrückung der Mutter und der beiden Schwestern.

Ohne Zweifel identifizieren wir uns beim Lesen sofort mit dem Zweiäuglein, weil es uns mit seinen zwei Augen am ähnlichsten ist. Sein Ringen um Unabhängigkeit spricht uns unmittelbar an. Einäuglein und Dreiäuglein hingegen sind sowohl in seelischer Hinsicht als auch äußerlich „unnormal".

Seit alters her gelten die Augen als „Spiegel der Seele". Wenn uns ein Mensch etwas Böses will, so kann er sich zwar in verschiedenster Weise verstellen, doch an seiner negativen Augenstrahlung („böser Blick") können wir seine wahre Motivation erkennen[1]. Des weiteren stehen die Augen sinnbildlich in Zusammenhang mit der Sonne und dem Licht, die ebenfalls das geistig-seelische Prinzip verkörpern. In der christlichen Kunst wurde Gott oft als ein von Sonnenstrahlen umgebenes Auge dargestellt. Die alten Griechen schließlich glaubten, daß ihre Augen von dem Sonnengott Helios abstammten. Eine Verbindung zwischen Sonne und Augen erkannte auch Goethe: „Wär' nicht das Auge sonnenhaft, die Sonne könnt' es nie erblicken." Zusammenhänge zwischen den Augen und spirituellen und geistigen Vorgängen offenbart zudem der Begriff „Sehertum", der auf ein Schauen mit dem „inneren Auge" verweist. Wer einmal das Glück hatte, einen echten „Seher" in die Augen zu schauen, wird den Ausdruck dieser Augen mit Sicherheit nie vergessen.

Wenn ein Mensch wie Zweiäuglein von seiner unmittelba-

---

[1] Ausführlich auf den „bösen Blick" bin ich eingegangen in dem Aufsatz „ Magische Kräfte" in: *Hartmut Radel* (Hg.), Jahrbuch der Esoterik, Bd. III, Münsingen–Bern 1990, S. 40–57.

ren Umgebung abgelehnt wird, reagiert er oft mit Trauer und einem Rückzug nach innen. Diese Isolation eröffnet aber auch eine Chance zur Selbstfindung. Die Selbstbesinnung wird im Märchen durch das Ziegen*hüten* ausgedrückt. Zweiäuglein hat nun genug Zeit, mit sich selbst ins reine zu kommen. Dabei entdeckt es immer mehr sein Frausein, was sich im Symbol der Ziege ausdrückt. Diese ist ein von vielen Kulturen benutztes Bild für das Weibliche und für Wachstumsvorgänge. Der Götterknabe Zeus z. B. wurde dem Mythos zufolge von Ziegenmilch ernährt. In Indien ist die Ziege ein Symbol für die Urmutter. Die weise Frau hingegen muß man mit dem tief in uns verborgenen Archetypus des alten Weisen bzw. der weisen Frau in Verbindung bringen. Gerade seelische Notzeiten benötigen das Auftreten von archetypischen Bildern.

Der Selbstfindungsprozeß beginnt bei Zweiäuglein zunächst mit der Trauer: Tränenbäche ergießen sich aus ihren Augen (Seele). Diese Trauer ist notwendig, weil erst durch sie die innere Stimme in Gestalt der weisen Frau hervorkommen kann. Untersucht man das Wort „notwendig", so wird einem bewußt, daß die Not den Menschen tatsächlich (positiv) „wenden" kann. Bei Zweiäuglein wird die Isolation von der Familie durch eine „seelische Ernährung" von innen ersetzt. In psychischer Bedrängnis muß sich der Mensch an die inneren Nahrungsquellen halten. Die Ziege, die weise Frau und auch das Tischlein-deck-dich gehören inhaltlich zusammen und spiegeln den inneren Reichtum wider, der erst durch die Not eine Chance bekam, sichtbar zu werden.

Zweiäuglein ist nun nicht mehr auf die ohnehin geringe Zuneigung („Nahrung") der Familie angewiesen („irdenes Schüsselchen mit Essen"). Das eigene Essen ist viel besser, was durch das silberne Besteck ausgedrückt wird, das das Tischleindeckdich zur Verfügung stellt. Zweiäuglein weiß diese Entwicklung sehr zu schätzen: es dankt Gott im Gebet für die beginnende Ichfindung. Die Mutter jedoch erträgt es nicht, daß eines ihrer Kinder ihr nicht mehr hörig sein will. Sie ist die treibende

Kraft, die die beiden Schwestern gegen das arme Zweiäuglein immer wieder negativ beeinflußt. Sie will unbedingt die innere Quelle von Zweiäuglein mit Hilfe der Schwestern ausfindig machen und zum Versiegen bringen.

Bei der von der Mutter angeordneten Bewachung während des Ziegenhütens wird Einäuglein von der Sonnenhitze müde. Wie anfangs erwähnt, gehören Augen, Licht, Sonne und geistige Sinnfindung symbolisch zusammen. Da das Einäuglein mit der Entwicklung des Selbst noch nicht begonnen hat, muß es mit der Sonne seine Probleme haben – genau wie später auch Dreiäuglein. Zweiäuglein hingegen macht die Sonne nicht zu schaffen. Es ist auf dem Wege, „sonnenhaft" zu werden, obwohl es dabei noch ein wenig leichtfertig ist. Dies ist auch kein Wunder, weil es bei seinen inneren Reflexionen (Ziegenhüten) durch die Schwestern gestört wird. Es glaubt zu früh, den Sieg schon in der Tasche zu haben: statt „Dreiäuglein schläfst du?" singt es „Zweiäuglein schläfst du?" Gänzlich erwacht ist unsere Heldin demnach noch nicht, sonst hätte es sich durch Dreiäugleins Anwesenheit nicht irritieren lassen. Es gelingt ihr hier nur zum Teil, die durch die Hitze müde gewordene Schwester auszuschalten.

Nachdem Zweiäugleins Geheimnis entdeckt worden ist, greift die Mutter sogleich zum Schlachtmesser und tötet die Ziege. Damit wird Zweiäugleins Symbol für die beginnende Autonomie zerstört. Gleichzeitig versucht die Mutter damit, die früheren Abhängigkeitsverhältnisse wiederherzustellen.

Was das Märchen hier beschreibt, erlebe ich in meiner therapeutischen Arbeit als psychologisch orientierter Astrologe immer wieder: Wenn jemand die ersten Anfangserfolge in Richtung psychischer Selbstbefreiung an sich feststellt, erfolgt oft schnell ein herber Rückschlag; die Vergangenheit holt einen wieder ein. *Scheinbar* fällt man in den früheren Zustand der Abhängigkeit wieder zurück. Doch tatsächlich handelt es sich hier nur um die Vorstufe zum endgültigen Sieg (die allerdings nicht jeder Mensch schafft). In diesem Entwicklungsstadium muß der Mensch alle bisherigen Hilfen und Stützen (die

Ziege) aufgeben, um auf der letzten Etappe das selbständige Gehen zu lernen.

Der scheinbare Rückschlag drückt sich im Märchen in Zweiäugleins „bitteren Tränen" der Resignation über die tote Ziege aus. Doch die innere Stimme stellt sich schnell wieder ein. Die weise Frau rät, das Eingeweide der geschlachteten Ziege im Erdboden zu vergraben. Welche symbolische Bedeutung kommt hier dem Eingeweide zu? Leber und Nieren dienten in früheren Zeiten, z. B. bei den Babyloniern, zur Zukunftsdeutung („Leberschau"). Des weiteren stellt das Eingeweide den „letzten Überrest der Ziege" dar, die für Zweiäuglein eine so wichtige Stütze war. Das Vergraben dieser Teile soll nun ausdrücken, daß die Reste der Ziege bzw. das, wofür sie (positiv) symbolisch stehen, fruchtbar und zukunftsweisend angelegt werden soll: Zweiäuglein soll die Erinnerung an die Zeit mit der Ziege als Samenkorn in den „Boden" pflanzen; die gute Erinnerung an die nahrungspendende Ziege soll „geerdet" werden. Es geht also um die praktische Realisierung des vorher Gelernten. In der Tat trägt der Rat der weisen Frau in buchstäblichem Sinn Früchte. Es entsteht ein wunderbarer Apfelbaum, der die fortschreitende Entwicklung des Zweiäuglein dokumentiert. Auch was die Selbstentdeckung als Frau anbelangt, haben sich nun die Gewichte verschoben. War die Ziege noch ein allgemeines Symbol für die Weiblichkeit, so versinnbildlichen die Äpfel konkret die Liebe zwischen Mann und Frau. In der Mythologie begegnen uns Äpfel oft als Hochzeitsgeschenk. Gerade dem Apfelbaum hat Zweiäuglein später ihre Vermählung mit dem Ritter zu verdanken.

Im nachhinein stellt sich der Angriff der Mutter auf Zweiäugleins Autonomie (Schlachten der Ziege) als Segen heraus. Ihr neues Symbol für Ichstärke und weibliches Selbstbewußtsein (Apfelbaum) trotzt standhaft allen Übergriffen durch die Familie: Beim Pflücken der Äpfel greifen Mutter und Schwestern ins Leere. Trotzdem behaupten sie dem Ritter gegenüber, der Baum sei ihr Eigentum. Sie wollen also immer noch Zweiäuglein kontrollieren. Zweiäuglein jedoch ist mittlerweile völlig selbständig geworden. Nur sie vermag die Früchte zu ernten (symbolisch und buchstäblich), weil nur sie allein sich diesen Apfelbaum „erarbeitet" hat. Leider ist die Folge von all dem ein weiter wachsender Neid der Familienmitglieder.

Zur endgültigen Befreiung des Zweiäugleins tritt nun der Ritter als Animusfigur auf den Plan. Die Praxis bestätigt, daß ein Mensch, der seine gegengeschlechtlichen Anteile (beim Mann die Anima, bei der Frau der Animus) integriert hat, leichter einen Partner bzw. eine Partnerin findet. Letztlich spielt es für die Interpretation dieses Märchens keine Rolle, ob wir den Ritter als helfenden männlichen Anteil von Zweiäuglein betrachten oder ob wir ihn als äußere Rettung verstehen. Beides gehört zusammen.

Zweiäugleins Entwicklung ist nun an ein Ende gekommen. Erst jetzt spricht der Text von ihrer „großen Schönheit". Schönheit bezeichnet im Märchen fast immer auch eine „innere", d. h. seelische Schönheit (Reinheit). Zu Anfang des Märchens noch sah „Zweiäuglein nicht anders aus als andere Menschenkinder". Augenfällig wird damit Zweiäugleins innere Verwandlung hervorgehoben. Den Abschluß ihres Reifeprozesses erkennen wir auch an dem Apfelbaum. Ganz gefahrlos und problemlos verpflanzt er sich von selbst an ihre neue Lebensstätte (Schloß). Der innere Reichtum geht uns nicht verloren – egal, wohin wir gehen; niemand kann ihn uns nehmen.

Zweiäugleins innere Kämpfe und bestandene Prüfungen haben sie sogar so weit vergeistigt, daß sie später ohne innere Widerstände ihren in Not geratenen Schwestern hilft. Sie vergilt nicht Böses mit Bösem, wie es viele andere getan hätten. Hier erweist sich deutlich, daß in Auseinandersetzungen der seelisch Reifere den weniger Entwickelten miterlösen muß. Dazu bedarf es einer intensiven Liebesfähigkeit. Liebe ist ein universales und expansives Prinzip; sie läßt sich nie nur für sich allein gewinnen – ansonsten wäre es keine verinnerlichte Liebe.

Im täglichen Leben trifft man die „Zweiäuglein-Situation"

nicht selten an: Ein Junge wächst z. B. nur mit seinen Brüdern und seinem Vater bzw. ein Mädchen nur mit den Schwestern und der Mutter auf. Wird nun der oder die Betreffende aus irgendeinem Grund zum schwarzen Schaf der Familie, hilft nur die Besinnung auf die eigenen Lebenswurzeln und eine zeitweise Isolation von der Außenwelt, um sich aus der bedrükkenden Familienkonstellation befreien zu können. Erschwert wird diese Befreiung durch die fehlende Möglichkeit, sich mit dem in der Familie nicht vorhandenen Geschlecht, im Märchen das Männliche, auseinanderzusetzen. Es spricht sogar vieles dafür, daß solche Familien, gerade weil ein Geschlecht fehlt, auf die Suche nach einem Sündenbock verfallen. Es ist sicherlich kein Zufall, daß auch der „Dummling" im Märchen fast ausschließlich aus solch einseitigen Verhältnissen stammt (vgl. „Die drei Federn" und „Die drei Königssöhne").

Das Märchen vom Zweiäuglein hat für Opfer solcher Familienkonstellationen die tröstliche Botschaft, daß trotz widriger Umstände die fehlende Geschlechterpolarität auf einem inneren Weg entwickelt und die Freiheit erkämpft werden kann.

4

Vater-Tochter-Inzest

VON DER BETTA PILUSA

Es war einmal ein reicher Mann, der hatte eine gute, fromme Frau und eine einzige Tochter, die war wunderschön. Da geschah es, daß die arme Frau schwer erkrankte und zum Sterben kam. Da ließ sie ihren Mann rufen und sprach: „Lieber Mann, ich muß nun sterben, dir empfehle ich mein liebes Kind an. Versprich mir aber, daß du nicht eher wieder heiraten willst, als bis eine kommt, die diesen Ring tragen kann." Damit zeigte sie ihm einen Ring, den sie zu ihren andern Schmucksachen legte, und starb. Die Tochter wurde nun von Tag zu Tag schöner. Da fiel es ihr eines Tages ein, sie wolle einmal die Schmucksachen anschauen, die ihrer Mutter gehört hatten, und als die das Kästchen aufmachte, sah sie den Ring, den die Mutter auf dem Totenbett ihrem Mann gezeigt hatte, und probierte ihn an. Und siehe da, der Ring glitt ganz leicht an den Finger, als sie ihn aber abziehen wollte, konnte sie ihn nicht wieder abbekommen. Nun wurde sie bange und dachte: „Was wird der Vater sagen!" Und damit er es nicht sehen sollte, wickelte sie ein Läppchen um den Finger. Als nun der Vater den Lappen um den Finger sah und frug, warum sie den Finger umwickelt habe, antwortete sie: „Es ist nichts, lieber Vater, ich habe mich nur in den Finger geschnitten." „Laß mich einmal sehen", sprach der Vater. Sie wollte nicht, aber der Vater wurde zornig und riß ihr das Läppchen ab. Da sah er den Ring und rief: „Du trägst den Ring, und du sollst meine Frau sein." Das Mädchen erschrak sehr und sprach: „Ach, lieber Vater, wie könnt Ihr mir eine solche Sünde vorschlagen?" Er hörte aber nicht auf sie, sondern wiederholte nur: „Du sollst meine Frau werden." „So laßt mich wenigstens erst zu meinem Beichtvater gehen", sprach sie. Da ging sie zu ihrem Beichtvater und fing an zu weinen und erzählte ihm, welches Verlangen ihr Vater an sie stelle. Der Beichtvater war sehr erschrocken und sprach: „Wir müssen ihn hinhalten, bis er wieder zu Verstande kommt. Verlange von ihm ein Kleid, das eine Farbe habe wie der Himmel, und darauf Sonne, Mond und alle Sterne. Dann wollest du seine Frau werden." Das arme Mädchen ging zum Vater und sprach: „Vater, wenn Ihr mir ein Kleid bringt, das die Farbe des Himmels hat und auf welchem die Sonne, der Mond und alle Sterne zu sehen sind, so will ich Eure Frau werden." Der Vater ging hin und suchte das Kleid, aber sosehr er in allen Läden danach frug, ein solches Kleid war nirgends zu finden.

Ganz mißmutig ging er auf das Feld und dachte nur darüber nach, wie er das Kleid wohl bekommen solle. Da gesellte sich ein feiner Herr zu ihm und frug ihn, warum er den Kopf so hängen lasse. Da erzählte er ihm seinen Kummer. „Oh", sprach der Herr, „wenn es weiter nichts ist, das will ich dir schon verschaffen; warte nur hier auf mich." Da ging er fort, und nach einem Weilchen kam er wieder und brachte ihm das Kleid mit. Der fremde Herr aber war der Teufel, der den Mann dazu verführte, die Sünde zu begehen. Nun kam der Mann zu seiner Tochter und brachte ihr das Kleid. Das Mädchen erschrak, aber es sagte nur: „Lieber Vater, ich muß noch einmal zu meinem Beichtvater gehen." Da ging sie hin und sprach: „Ach, Vater, ich habe das Kleid bekommen, nun will mich mein Vater heiraten." Der Beichtvater sagte: „Verlange wieder ein Kleid von ihm, das die Farbe des Meeres habe und worauf alle Tiere und Pflanzen des Meeres zu sehen seien." Da ging sie hin und bat ihren Vater um ein solches Kleid. Der Vater suchte das Kleid in allen Läden, und da er es nirgends finden konnte, so ging er an den Ort, wo ihm der Böse begegnet war. Auch diesmal fand er ihn dort, und als er ihm seinen Wunsch vorgetragen, brachte ihm der Teufel das Kleid, das hatte die Farbe des

Meeres, und darauf waren alle Tiere und Pflanzen des Meeres zu sehen.

Als er es nun seiner Tochter brachte, sprach sie wieder: „Lieber Vater, laßt mich nur erst zur Beichte gehen." Da frug sie den Beichtvater um Rat, und der sagte ihr, sie solle von ihrem Vater ein Kleid verlangen, das die Farbe der Erde habe und auf welchem alle Tiere und Blumen der Erde zu sehen seien. Das tat sie, aber der Vater ging geraden Weges zum Teufel und ließ sich auch dieses Kleid geben.

Nun wußte das arme Mädchen nicht mehr, was sie tun sollte, kam zum Beichtvater und klagte ihm, wie alles vergebens sei. Da sagte der Beichtvater: „Verlange von deinem Vater ein Kleid von grauem Katzenfell." Das tat sie, und der Vater ging wieder zum Teufel, der verschaffte ihm auch das Kleid von grauem Katzenfell. Die Tochter aber ging wieder zum Beichtvater und klagte ihm, daß ihr Vater dennoch seinen Willen nicht aufgebe. „Verlange, daß er dir zwei Maße voll Perlen und Edelsteine bringe", riet ihr der Beichtvater. Als sie ihren Vater nun um die zwei Maße voll Perlen und Edelsteine bat, ließ er sie sich vom Teufel geben und brachte sie ihr auch. Nun wußte sie sich nicht mehr zu helfen, und so beschloß sie zu entfliehen, machte ein Bündelchen aus ihren drei Kleidern und den Perlen und Edelsteinen und wartete dann, daß es Morgen würde.

Als es dämmerte, stand sie auf, füllte ein Becken mit Wasser und setzte zwei Tauben hinein. Plötzlich klopfte ihr Vater an die Türe und frug sie, ob sie bald fertig sei. „Ich wasche mich eben, lieber Vater", antwortete sie, schlüpfte in das Kleid von grauem Katzenfell, nahm das Bündelchen mit sich, und lief durch eine Hintertür ins Freie, und weil es noch halb dunkel war, sah sie niemand. Unterdessen wartete der Vater zu Hause auf sie; wenn er sich aber der Türe näherte und das Plätschern der Tauben im Becken hörte, dachte er, sie sei noch am Waschen. Endlich riß ihm die Geduld; er ließ das Zimmer aufbrechen, aber es war niemand drin. Da wurde er sehr zornig, aber sein Zorn half ihm nichts. – Lassen wir nun den Vater, und sehen wir, was aus der armen Tochter geworden ist.

Weinend zog sie fort, bis sie in einen dichten Wald kam. In dem Walde aber jagte an demselben Tage der junge König, und als er das fremdartige Wesen im grauen Pelzmantel sah, meinte er, es wäre ein Tier und wollte es schießen. Da rief das arme Mädchen: „Schießt mich nicht." Nun war er noch mehr erstaunt über ein Tier, das sprechen konnte, und rief ihm zu: „Ich beschwöre dich bei dem Namen Gottes, daß du mir sagest, wer du bist." „Beschwört mich nicht", antwortete sie, „denn ich bin eine getaufte Seele." „Wie heißest du denn?" frug der König. „Ich heiße Betta Pilusa"[1] „Willst du mit mir auf mein Schloß kommen?" sprach der König. „Ja", antwortete sie, „laßt mich eure Magd sein." Da nahm sie der König auf sein Schloß und frug sie: „Wo willst du wohnen?" „Im Hühnerstall", antwortete sie. Nun wohnte sie im Hühnerstall und versorgte die Hühner, und der König kam jeden Tag zu ihr, brachte ihr leckere Bissen und unterhielt sich mit ihr.

Eines Tages kam er nun auch, und sprach: „Weißt du, Betta Pilusa, in einiger Zeit ist meine Hochzeit, und da sollen jetzt drei Tage Festlichkeiten sein. Heute ist Ball, willst du auch kommen?" „Wie könnte ich in euren Ballsaal kommen", brummte Betta Pilusa, „laßt mich doch in Ruhe."

Als es nun Abend geworden war, warf sie das graue Katzenfell ab und wünschte sich eine Kammerfrau; denn wer die drei Kleider besaß, konnte sich wünschen, was er wollte, und es geschah. Alsbald war auch eine Kammerfrau da, die wusch und kämmte sie, legte ihr das Kleid an, auf dem Sonne, Mond und alle Sterne zu sehen waren, und schmückte sie mit dem Schmuck ihrer Mutter. Nun wünschte sich Betta Pilusa auch noch einen Wagen mit schönen Pferden und mit Lakaien in Livree und fuhr dann auf den Ball. Als sie im Saal erschien, war sie so wunderbar schön, daß alle sie anstaunten, und der König ließ seine Braut stehen, tanzte den ganzen Abend nur mit ihr

---

[1] Die haarige Berta.

und schenkte ihr eine goldene Nadel. Als aber der Tanz zu Ende war, entsprang sie ihm und setzte sich in ihren Wagen. „Springt dieser Dame nach", rief der König seinen Dienern zu, „und seht, wohin sie fährt." Sie warf aber so viel Perlen und Edelsteine aus dem Wagen, daß die Diener davon geblendet wurden und nicht sahen, wohin sie fuhr. Das Mädchen aber sprang in den Hühnerstall und zog eiligst ihren grauen Pelzmantel an. Als nun der Ball aus war, kam der König wieder zu ihr und sprach: „Ach, Betta Pilusa, wenn du wüßtest, was für eine schöne Dame auf dem Ball erschienen ist! Und niemand weiß, wo sie her ist." „Was gehen mich eure schönen Damen an", brummte Betta Pilusa, „aus dem besten Schlaf habt ihr mich geweckt."

Am andern Tag kam der König wieder und sprach: „Betta Pilusa, heute ist der zweite Ball; willst du kommen?" „Wollt ihr mich denn zum Besten haben?" sagte sie, „laßt mich doch in Ruhe." Am Abend aber kleidete sie sich noch viel schöner als das erstemal und trug das Kleid, auf welchem alle Tiere und Pflanzen des Meeres zu sehen waren, auch schönen Schmuck legte sie an, und als sie in den Ballsaal trat, staunten alle Leute über ihre wunderbare Schönheit, und der König tanzte nur mit ihr und schenkte ihr eine goldene Uhr. Die Braut aber wollte vergehen vor Zorn und Eifersucht. Der König hatte schon im voraus seinen Dienern befohlen, recht aufzupassen, wohin die schöne Dame fahre, aber als sie entsprang, warf sie ihnen wieder so viele Kostbarkeiten in die Augen, daß sie geblendet wurden. Der König war sehr zornig, aber es half nichts, das Mädchen saß schon wieder im Hühnerstall in seinem grauen Katzenfell. Nun kam der König wieder zu ihr, um ihr zu erzählen von der schönen Dame; sie aber brummte ihn nur an.

Am nächsten Morgen kam er auch und sagte ihr: „Betta Pilusa, heute ist wieder Ball, und heute muß ich erfahren, wer die Unbekannte ist." Also ließ er seine Diener rufen und sprach: „Wenn ihr heute nicht herauskriegt, wer die Dame ist, so kostet es euch euren Kopf!" Am Abend legte Betta Pilusa das Kleid an, auf dem alle Tiere und Blumen der Erde zu sehen waren, nahm ihren schönsten Schmuck, und als sie auf den Ball kam, war sie noch viel schöner als an den vorhergehenden Abenden. Die Braut war in Verzweiflung, denn der König tanzte nur mit der Fremden und schenkte ihr einen kostbaren Ring. Als sie aber entsprang, konnten ihr die Diener doch nicht nach, denn sie blendete sie ebenso wie die ersten Male, und entfloh in ihren Hühnerstall. Diesmal legte sie das schöne Kleid jedoch nicht ab, sondern zog den grauen Mantel schnell darüber. Da der König nun hörte, daß sie wieder spurlos verschwunden sei, ward er sehr zornig. Die Diener aber fielen auf die Knie und sagten, sie könnten ja nichts dafür, die schöne Dame habe ihre Augen geblendet. Da ging der König ganz traurig zu Betta Pilusa und sprach: „Ach, Betta Pilusa, ich bin ganz krank, denn die schöne Dame ist wieder spurlos verschwunden." Sie aber brummte ihn an: „Was kümmert mich Eure schöne Dame? Laßt mich in Ruhe." Der König wurde nun ganz schwermütig und dachte immer an das schöne Mädchen.

Am nächsten Morgen, als der Koch das Brot knetete, das auf die Tafel des Königs kommen sollte, kam Betta Pilusa in die Küche und bat: „Gebt mir auch ein wenig Teig, ich will ein Brötchen für mich backen." „Geh weg", antwortete der Koch, „was willst du mit deinen schmutzigen Händen Brot backen; das würde schön werden!" Sie aber bat ihn immer und immer wieder, daß er ihr endlich ein Stückchen Teig gab, nur um sie loszuwerden. Da fing sie an, mit ihren schmutzigen Händen das Brot zu kneten, in der Mitte aber verbarg sie die goldene Nadel, die der König ihr auf dem Ball geschenkt hatte. „So", sagte sie, „jetzt müßt ihr mir aber auch das Brötchen in den Ofen schieben." Das tat der Koch, und siehe da, als er nach einer Weile den Ofen wieder öffnete, war all das Brot verbrannt, das kleine schmutzige Brötchen aber, das Betta Pilusa gehörte, war zu einem wunderschönen weißen Brotlaib geworden. Da rief der Koch die Betta Pilusa und sprach: „Ach, Betta Pilusa, gib mir dein Brot, daß ich es dem König bringe." „Nein, nein", antwortete sie, „mein Brötchen muß ich selber essen. Was geht mich das an, ob euer Brot verbrannt ist." Da bat sie der Koch: „Ach, Betta Pilusa, ich komme um meinen Dienst, wenn du mir dein Brot nicht gibst; tu es doch." Da ließ sie sich erbitten und gab ihm das Brot, und der Koch schickte es dem König zur Tafel. Als der König es sah, sprach er: „Heute ist das Brot einmal ganz schön geraten", und schnitt es an. Da fiel die goldene Nadel heraus, und er erkannte sie sogleich. Da ließ er seinen Koch rufen und sprach: „Wer hat dieses wunderschöne Brot gebacken?" Der Koch wollte nicht die Wahrheit gestehen und antwortete: „Königliche Majestät, ich habe es gebacken." Der König dachte wohl, das sei nicht möglich, er schwieg aber still und verwahrte nur die goldene Nadel.

Den nächsten Morgen kam Betta Pilusa wieder in die Küche, während der Koch das Brot knetete, und sprach: „Gestern habt ihr mir mein Brötchen weggenommen, darum müßt ihr mir heute wieder ein Stückchen Teig geben; aber das sage ich euch, heute will ich es selbst essen." Da gab ihr der Koch ein Stückchen Teig, und sie machte ein Brot daraus und versteckte in der Mitte die goldene Uhr. Als es aber Zeit war, das Brot aus dem Ofen zu holen, war wieder alles Brot verbrannt, und nur aus dem schmutzigen Brötchen war ein schöner weißer Laib geworden. Da bat der Koch wieder die Betta Pilusa, sie möge ihm doch das Brötchen geben, sie aber ließ sich erst lange bitten; endlich gab sie es ihm. Als nun der König in dem Brot die goldene Uhr fand, ließ er seinen Koch rufen und frug ihn, wer das Brot gebacken habe. Der Koch aber antwortete, er habe es gemacht.

Den dritten Tag machte Betta Pilusa wieder ein Brötchen und legte den Ring hinein. Es ging aber eben so wie die andern Tage; das Brot des Königs verbrannte, und nur das eine Brot mit dem Ring wurde weiß und locker. Da bat der Koch die Betta Pilusa, sie solle es ihm doch abgeben; sie aber wollte lange nicht und gab es ihm endlich brummend. Der König war ganz ungeduldig, denn er dachte: „Heute muß der Ring im Brot sein." Und richtig, als er das Brot zerschnitt, fand er den Ring. Da ließ er den Koch rufen und sprach: „Wenn du mir nicht die Wahrheit gestehst, wer das Brot gebacken hat, so jage ich dich aus meinem Dienst." Da erschrak der Koch und erzählte alles, wie es gekommen war. „Schicke mir die Betta Pilusa herauf", sprach der König.

Als sie nun kam, schloß er alle Türen zu und sprach: „Seit drei Tagen finde ich in dem Brot, das du gebacken, die goldene Nadel, die Uhr und den Ring, den ich der schönen Dame auf dem Ball gegeben habe. Du bist keine Hühnermagd, wie du uns glauben machen willst. Sage mir also, wer du bist." Sie aber antwortete: „Ich bin nur die Betta Pilusa und weiß nichts von dem, was Ihr mir sagt." Da drohte ihr der König: „Wenn du mir nicht gleich sagst, wer du bist, so lasse ich dir den Kopf abhauen." Da warf sie das graue Katzenfell ab, daß sie zum Vorschein kam so jung und schön, wie sie war, in ihrem schönen glänzenden Kleid. Als der König sie sah, erkannte er sie gleich, schloß sie in seine Arme und sprach: „Du sollst meine Gemahlin sein." Da rief er seine Mutter herzu, die war ganz vergnügt, ihren Sohn wieder gesund und munter zu sehen, und es wurde ein schönes Hochzeitsfest gefeiert, die andere Braut aber mußte wieder nach Hause gehen. Und der König und die junge Königin lebten glücklich und zufrieden, wir aber haben das Nachsehen.

Quelle:

Laura Gonzenbach, Sizilianische Märchen, Leipzig 1870.

Thema dieses sizilianischen Volksmärchens ist die Lösung einer problematischen Vater-Tochter-Bindung. Das Saatkorn für das kommende Drama legt die Mutter auf dem Sterbebett. Zu ihrem Mann sagt sie: „Versprich mir aber, daß du nicht eher wieder heiraten willst, als bis eine kommt, die diesen Ring tragen kann." Damit verlangt sie von ihrem Mann, nur eine Frau zu heiraten, die ihr selbst ähnelt bzw. entspricht. Bildlich wird das durch das Passen des Ringes, (Symbol des Selbst) ausgedrückt. Offensichtlich ist sich die Frau nicht darüber im klaren, daß sie mit dem dem Vater abgenommenen Versprechen ihre Familie ins Unglück stürzt.

Im wirklichen Leben spiegelt sich die Märchensituation nicht selten in folgender Weise wieder: Ein Witwer idealisiert in übertriebener Trauer seine verstorbene Frau (was sich z. B. darin zeigt, daß er in ihrem Zimmer keine Gegenstände mehr verstellt) und wird dadurch unfähig, eine neue Partnerschaft einzugehen. Tatsächlich stellt sich die Märchensituation oft auch ohne „Versprechen" ein. Der Zurückgebliebene bindet sich auch nach einer angemessenen Trauerzeit noch an den Toten und schneidet sich dadurch die Verbindung zu einem lebendigen Lebensrhythmus ab.

Der Anspruch, jemanden finden zu müssen, der in allem dem Verstorbenen gleicht, ist stark entwicklungsfeindlich. Wenn nun die eigene Tochter der verstorbenen Frau innerlich und äußerlich sehr ähnlich wird, dann kann es geschehen, daß der zurückgebliebene Mann, häufig unbewußt, das Kind an sich zu binden versucht. In unserem Märchen ist der Sachverhalt noch klarer: Der Vater sieht in seiner Tochter einen Gattenersatz. Selbst in intakten Familien kommt es nicht selten vor, daß Kinder emotionale Defizite eines Elternteils ausgleichen müssen, was eigentlich Aufgabe des Ehepartners wäre. Psychischer und auch sexueller Mißbrauch ist das Thema von „Betta Pilusa". Das Inzestproblem wird hier deutlich geäußert.

Das Märchen ist aus der Perspektive des Mädchens geschrieben, das sich von der erdrückenden Vaterbindung emanzipiert. Aus der Sicht des Vaters wäre es notwendig gewesen, das Versprechen gegenüber seiner sterbenden Frau zu brechen. Das Verhalten der sterbenden Mutter zeigt, daß sie an der entstandenen Situation mitschuldig ist.

Der Zeitpunkt, zu dem die Probleme für Betta Pilusa konkret beginnen, ist der Tag, an dem ihr der Ring der Mutter paßt. Der Vater erkennt nun die Ähnlichkeit von Frau und Tochter. Betta Pilusas Neugier, die Schmucksachen der Mutter anzuschauen und anzuprobieren, spielt auf ihren Übergang vom Mädchen zur Frau an. Da sie einen aggressiven und fordernden Vater hat, beginnt von jetzt an ein verbissener Kampf um die eigene Autonomie. Der Ausgang dieser Auseinandersetzung wird ihr späteres Selbstverständnis als Frau entscheidend prägen.

Ein wichtiger Helfer im Kampf mit dem Vater ist der Beichtvater. Man kann diese Figur auch als „innere Stimme" deuten, die fortwährend mit dem Göttlichen im Dialog steht. Doch auch der Vater kann auf Helfer zählen: den Teufel. Das Teuflische *im* Vater besitzt die Macht, auch die ausgefallensten Wünsche der Tochter zu erfüllen. Er kann ihr Kleider besorgen, die die Elemente Luft, Wasser und Erde symbolisieren. Um das Quartett der vier Elemente (analog zur Astrologie) zu vervollständigen, fehlt nur noch das Feuer. Dieses jedoch wird durch den Herrn der Hölle repräsentiert, der ein Teil des Vaters geworden ist. In der Astrologie steht das Element Feuer für Leidenschaftlichkeit, Aggressivität und Impulsivität. Genau diese Charakteristika können wir beim Vater deutlich ausmachen.

Welche Bedeutung haben nun die drei Kleider und die Perlen und Edelsteine in bezug auf die Rahmenhandlung? Mit den schönen Kleidern verherrlicht der Vater seine Tochter. Er sieht in ihr eine vollkommene Frau, zu deren Glück nur noch er selber fehlt als viertes Element. In den Perlen und Edelsteinen können wir eine materielle Bestechung erkennen. Um die

Tochter zu gewinnen, ist der Vater bereit, auch den unmöglichsten Wünschen nachzukommen. Einer der erfüllten Wünsche jedoch verhilft Betta Pilusa zur Tarnung vor ihm. Mit dem Fell kann sie die Männerwelt täuschen. Wie wir wissen, sind Katzen Meister im Sichverstellen. Als der Vater nun immer zudringlicher wird, kann sie sich mit Hilfe des Fells von einer attraktiven Frau in ein „harmloses" Tier verwandeln.

Psychologisch gesehen handelt es sich um eine Regression. Die Katze als altes Symboltier der Frauen (u. a. Bastet in Ägypten) zeigt uns an, welcher Teil der Heldin regrediert. Was das Märchen als Tierverwandlung beschreibt, erkennt der praktische Psychologe als traumatisches Erlebnis, das sich in hartnäckige Komplexe niederschlagen kann. Doch zunächst ist die traumatische Reaktion eine lebensrettende Notwehrmaßnahme der Psyche. Wir erkennen in Betta Pilusa eine Frau, die vorübergehend ihre Weiblichkeit verdrängen *muß,* um in einer feindlichen Umgebung überleben zu können. Auch auf ihr Äußeres legen solche bedrohten jungen Frauen keinen Wert mehr. Aufmerksamkeit zu erregen ist das letzte, was sie wollen. Nicht umsonst ist das Katzenfell im Märchen nicht schwarz, gescheckt oder braun, sondern grau. Grau ist die Farbe des Uninteressanten und Langweiligen schlechthin. Wichtig ist in diesem Zusammenhang natürlich auch der Name der Heldin: „haarige Berta".

Die Szene mit den Tauben an dem mit Wasser gefüllten Becken erinnert unwillkürlich an die Taufe und die Herabkunft des Heiligen Geistes[1], etwa bei Jesu Taufe durch Johannes den Täufer. In der Taufe können wir einen spirituellen Neubeginn des Menschen sehen. Der Irreführung des Vaters verdankt Betta Pilusa einen geistigen Neuanfang. Die Qualität der inneren Stimme hat sich weiter verbessert: An die Stelle des Beichtvaters tritt in der Gestalt des Taubenpaars der reine Geist.

Nach einer aufregenden Flucht befindet sich Betta Pilusa

---

[1] Außerhalb der christlichen Symbolik ist die Taube das Tier von Venus-Aphrodite.

vorübergehend in einem seelisch schwierigen Zustand. Doch nachde sie mutig die Verbindung zum Vater gekappt hat, ist sie jetzt fähig, auch freundlichere Männer, wie z. B. den jungen König, kennenzulernen – wenn auch auf einer noch unverbindlichen Ebene. Da Betta Pilusa vom Vater seelisch schwer verletzt worden ist, zwingt sie sich auch weiterhin, ihre attraktiven weiblichen Seiten vor den Männern zu verstecken. Sie behält das Katzenfell an. Der junge König erkennt sie denn auch nicht als Mensch (schon gar nicht als Frau), sondern er glaubt, er hätte es mit einem Tier zu tun. Gleichzeitig jedoch scheint er die positive seelische Ausstrahlung von Betta Pilusa wahrzunehmen, weil er sich sonst wohl nicht so intensiv um sie kümmern würde.

Für Betta Pilusa ist die Bekanntschaft mit dem König eine „therapeutische Möglichkeit", ihr negatives Männererlebnis durch neue, positivere Erfahrungen schrittweise zu überwinden. Obwohl der Kontakt mit dem König am Hof beibehalten wird, behält unsere Heldin ihr Tierfell weiterhin an; sie will sich den Männern nicht schutzlos ausliefern. Auch die niederen Dienste als Magd schützen sie in gewissem Sinne.

Der Erfolg der seelischen Aufarbeitung einer negativen Vaterbeziehung kommt auf schöne Weise in der Rolle der drei Kleider zum Ausdruck. Diese Kleider stammen noch vom Vater und symbolisieren dessen „teuflische Seite". Dennoch helfen sie ihr, eine Liebesbeziehung zu dem König zu knüpfen. Was vorher zu ihrem Schrecken wurde, verwandelt sich jetzt in ihr Glück. Die Kleider erweisen sich nämlich als „Wunschkleider". Betta Pilusa kann sich jetzt wünschen, was sie mag. Damit ist endlich ihr freier Wille wiederhergestellt. Zu den Perlen und Edelsteinen hat sie allerdings keinen Bezug. Sie setzt sie ein, um ihre Verfolger zu „blenden", ohne sich selbst von ihnen blenden zu lassen. Ihr ist nur der innere Reichtum wichtig.

Drei Geschenke erhält Betta Pilusa auf dem Ball aus der Hand des Königs: eine goldene Nadel, eine goldene Uhr und einen kostbaren Ring. Hiermit offenbart der König seine Hoffnungen. Die Nadel steht für die Sehnsucht nach einer Frau, die auch „normale" weibliche Arbeiten ausführen kann, die goldene Uhr für Kontinuität und Treue. Der Ring als letztes Geschenk ist sowohl ein Symbol für das Selbst des Menschen als auch ein Bild für das harmonische Zusammenkommen von Mann und Frau.

Wenn wir uns an den Anfang des Märchens erinnern, so begannen Betta Pilusas Probleme mit dem Ring der Mutter. Mit dem Ring des Bräutigams schließt sich nun der „Ring des Märchens".

Betta Pilusa bäckt die Brautgeschenke in einen Brotteig ein. Das Brot ist eines der unmittelbarsten Symbole für Fruchtbarkeit und Leben. Betta Pilusa will mit dem König in Zukunft das Brot teilen. Nachdem sie bewußt die Entdeckung ihrer wahren Identität provoziert hat, kann sie ihr Schutzverhalten aufgeben. Sie braucht nun keine Hühnermagd mehr zu sein und auch kein Katzenfell mehr zu tragen. Mit der Heirat hat sie ihre traumatischen Erlebnisse mit dem Vater überwunden.

5

Elternliebe als Entwicklungshemmnis

VOM GRÜNEN VOGEL

Es war einmal ein König, der hatte ein einziges Töchterlein, das er über alle Maße liebte. Eines Tages, als er oben auf der Terrasse mit der kleinen Maruzza spielte, ging ein Wahrsager vorbei und schüttelte den Kopf, als er die kleine Königstochter ansah. Da ward der König sehr zornig und befahl, den Wahrsager zu ergreifen und vor ihn zu führen. „Warum hast du den Kopf geschüttelt, als du meine Tochter ansahest?" frug er ihn. „Ach, Majestät, ich habe es nur in Gedanken getan", antwortete der Wahrsager. „Wenn du mir nicht sogleich antwortest", sprach der König, „so lasse ich dich in den tiefsten Keller werfen." Da mußte der arme Wahrsager wohl gehorchen und sprach: „Wenn die Königstochter elf Jahre alt sein wird, so wird ein schweres Schicksal sie erreichen." Da ward der König tief betrübt und ließ in einer einsamen Gegend einen Turm ohne Fenster bauen und sperrte sein Töchterlein mit seiner Amme hinein. Er kam aber und besuchte sie oft.

Maruzza wuchs heran und wurde mit jedem Tage größer und schöner. Sie gaben ihr aber beim Essen das Fleisch immer ohne Knochen, damit sie sich kein Leid antun könne, und nahmen ihr auch alles weg, womit sie sich verletzen konnte.

Als sie nun beinahe elf Jahre als war, brachte ihr die Amme eines Tages einen Braten von einem Zicklein, in dem war ein spitzer Knochen zurückgeblieben. Als Maruzza den spitzen Knochen fand, wollte sie gerne damit spielen, und weil sie wußte, daß die Amme ihn ihr wegnehmen würde, so versteckte sie ihn hinter einer Kiste. Als sie nun allein war, nahm sie den Knochen wieder hervor und fing an, die Mauer ein wenig aufzukratzen. Es war aber gerade eine hohle Stelle in der Mauer, so daß sie schnell ein kleines Loch gebohrt hatte. Da bohrte sie immer weiter, bis das Loch so groß war, daß sie den Kopf hinausstecken konnte. Da sah sie alle die schönen Blumen und den blauen Himmel mit der Sonne und freute sich darüber so sehr, daß sie den ganzen Tag dort hinausschaute. Wenn aber die Amme ins Zimmer kam, so zog sie einen kleinen Vorhang vor das Loch. So trieb sie es mehrere Tage. An dem Tage aber, wo sie elf Jahre alt wurde, in demselben Augenblick, als sie in ihr zwölftes Jahr trat, rauschte es in den Lüften, und durch das Loch kam ein wunderschöner Vogel hereingeflogen, der sprach: „Ich bin ein Vogel und werde ein Mensch", und alsobald ward er in einen schönen Jüngling verwandelt. Als Maruzza ihn sah, erschrak sie heftig und wollte anfangen zu schreien, er bat sie aber mit freundlichen Worten: „Edles Fräulein, fürchtet Euch nicht vor mir, ich will Euch ja kein Leid zufügen. Ich bin ein verwunschener Prinz und muß noch manches Jahr verzaubert bleiben. Aber wenn Ihr auf mich warten wollt, so sollt Ihr einst meine Gemahlin werden." Mit solchen Worten beruhigte er sie; nach einer Stunde wurde er wieder zum Vogel und verließ sie mit dem Versprechen, am andern Tag wiederzukommen. Von da an kam er jeden Tag um Mittag, und wenn es ein Uhr schlug, so verließ er sie wieder.

Als nun ein Jahr vergangen war, dachte der König: „Nun wird auch die Gefahr für meine kleine Maruzza vorüber sein", und kam in einem schönen Wagen und holte sie ab in sein Schloß. Als aber Maruzza in dem prächtigen Schlosse ihres Vaters wohnte, ward sie sehr traurig, denn der schöne, grüne Vogel kam nicht wieder zu ihr, und sie ward so schwermütig, daß sie gar nicht mehr lachen konnte und immer in ihrem Zimmer blieb. Da ließ der König im ganzen Lande verkündigen: „Wer die Königstochter zum Lachen bringen könnte, den wolle er reich beschenken." Das hörte auch ein altes Mütterchen, das auf einem Berge wohnte, und machte sich auf, um zum König zu gehen. Wie die alte Frau nun ihres Weges zog, begegnete sie einem Maultiertreiber, der trieb sein Maultier vor sich her, das war mit Geldsäcken beladen. „Gib mir eine Handvoll von deinem Geld", bat sie ihn. Der Maultiertreiber antwortete: „Hier kann ich dir nichts geben, wenn du aber mit mir kommst bis zu dem Schloß, wo ich die Säcke abliefern muß, so will ich dir einiges geben." Da ging die alte Frau mit ihm, und er führte sie in ein wunderschönes Schloß, in welchem zwölf Feen wohnten. Als sie nun die Treppe hinaufgestiegen waren, öffnete der Maultiertreiber seine Säcke und ließ die Münzen auf dem Boden herumrollen. Da waren es aber so viele, daß die alte Frau am bloßen Ansehen genug hatte und weiter nicht danach verlangte. Nun ging sie durch die Zimmer, um sie zu betrachten, und sah alle die kostbaren Schätze, die da angesammelt waren. Alle die Stühle, die Tische, die Betten waren von lauterm Gold. Da kam sie in ein Zimmer, wo ein gedeckter Tisch stand mit zwölf goldenen Tellern und zwölf goldenen Bechern, und dabei standen auch zwölf goldene Stühle. Da ging sie weiter und kam in die Küche, da standen die zwölf Feen in einer Reihe, und jede hatte einen goldenen Herd, auf dem sie in einem goldenen Kessel kochte. Als die Suppe fertig war, nahmen die Feen ihre Kessel vom Feuer und stellten sie auf den Tisch. Weil sie nun die alte Frau unbeachtet gelassen hatten, wurde sie vorwitzig und sprach: „Edle Frauen, ihr sagt mir nichts [1], so werdet ihr es mir auch nicht übelnehmen, wenn ich mich selbst bediene." Da nahm sie einen goldenen Löffel und schöpfte sich etwas Suppe. Als sie aber den Löffel zum Munde führen wollte, fuhr ihr die Suppe ins Gesicht, daß sie sich jämmerlich verbrannte. In demselben Augenblick rauschte es in den Lüften, und der grüne Vogel flog in den Saal. „Ich bin ein Vogel und werde ein Mensch!" sprach er und wurde sogleich zum schönen Prinzen. Der jammerte aber laut und rief: „O Maruzza, meine Maruzza, habe ich dich denn ganz verloren?

---

[1] Das heißt, „ihr fordert mich nicht auf zuzugreifen". – Es gilt in Sizilien als ein arger Verstoß gegen die Höflichkeit, jemanden nicht zum Essen aufzufordern, wenn man selbst zu Tische ist.

Kann ich dich nirgends wiederfinden?" Die Feen umringten ihn, um ihn zu trösten, die alte Frau aber verließ leise und unbeachtet das Schloß und dachte: „Diese Geschichte muß ich der jungen Königstochter erzählen; wenn das sie nicht zum Lachen bringt, so ist wohl alles vergeblich."

Als sie nun in das königliche Schloß kam, ließ sie sich beim Könige melden und sagte ihm, sie sei gekommen, die Königstochter zum Lachen zu bringen. Der König führte sie hinein und ließ sie mit seiner Tochter allein. Nun begann die Alte zu erzählen, wie sie von dem Maultiertreiber in das schöne Schloß geführt worden sei und wie sie sich den Mund verbrannt habe, als sie die Suppe versuchen wollte. Maruzza aber fing an laut zu lachen, als sie diese Geschichte hörte. Das hörte der König draußen und freute sich, daß es endlich jemandem gelungen war, sein liebes Kind zum Lachen zu bringen. Die Alte aber sprach: „Hört mich nun noch zu Ende, Fräulein!" und erzählte ihr von dem grünen Vogel, der ein schöner Prinz geworden war und immer nach seiner lieben Maruzza gefragt hatte.

Da wurde Maruzza noch froher und sprach: „Mein Vater wird dir ein schönes Geschenk machen, von mir aber sollst du ebensoviel bekommen, wenn du mich morgen um dieselbe Stunde abholst und heimlich in das Schloß der zwölf Feen führst." Die Alte versprach es, und den nächsten Tag kam sie und führte die Königstochter über Berg und Tal, einen weiten Weg, bis sie an das Schloß der zwölf Feen kamen. Da saßen die zwölf Feen wieder vor ihren goldenen Herden, und die Suppe war eben fertig und wurde in den goldenen Kesseln vom Feuer genommen. „Seht einmal, Fräulein", sprach die Alte, „so wollte ich neulich die Suppe versuchen", und nahm mit einem goldenen Löffel ein wenig Suppe. Wie sie ihn aber zum Munde führen wollte, fuhr ihr die Suppe ins Gesicht. Da sprach Maruzza: „Laß es mich einmal versuchen", nahm den goldenen Löffel und schöpfte etwas Suppe, und siehe da, sie konnte die Suppe ruhig zum Munde führen.

Mit einem Male rauschte es in den Lüften, und der grüne

Vogel flog herein und verwandelte sich in den schönen Prinzen. Als er nun anfing zu jammern: „O Maruzza, meine Maruzza!" da stürzte ihm die Königstochter in die Arme und rief: „Hier bin ich!" Aber der Prinz wurde ganz traurig und sprach: „Ach, Maruzza, was hast du getan? Warum bist du hergekommen? Nun muß ich fort und muß herumfliegen ohne Ruh und ohne Rast sieben Jahre, sieben Tage, sieben Stunden und sieben Minuten." „Wie?" rief die arme Maruzza, „willst du mich nun verlassen, nachdem ich deinethalben so traurig gewesen bin und nun diesen weiten Weg gemacht habe, um dich zu sehen?" Da antwortete der Prinz: „Ich kann dir nicht helfen. Wenn du mich aber erlösen willst, so will ich dir sagen, was du tun mußt." Da führte er sie auf eine Terrasse und sprach: „Wenn du sieben Jahre, sieben Tage, sieben Stunden und sieben Minuten hier auf mich wartest, dem Sturm und Sonnenschein ausgesetzt, nicht issest, nicht trinkst und nicht sprichst, so kann ich erlöst werden, und dann sollst du meine Gemahlin sein." Damit wurde er wieder ein Vogel und flog davon. Nun saß die arme Maruzza auf der Terrasse, und als die Feen kamen und sie baten, nun in das Schloß zu kommen, schüttelte sie nur mit dem Kopf und blieb in einer Ecke sitzen, aß nicht und trank nicht, und es kam auch kein Wort über ihre Lippen. So blieb sie sieben Jahre, sieben Tage, sieben Stunden und sieben Minuten im Sturm und Regen und an der glühenden Sonnenhitze, und ihre feine weiße Haut wurde schwarz, und ihr Gesicht wurde häßlich und entstellt, und ihre zarten Glieder wurden steif.

Da nun die lange Zeit herum war, rauschte es in den Lüften, und der grüne Vogel kam geflogen und wurde ein schöner Prinz. Da stürzte sie in seine Arme und weinte und rief: „Nun bist du erlöst, und nun sind auch meine Leiden zu Ende." Als er aber sah, wie häßlich sie geworden war und wie schwarz, da mochte er sie nicht mehr, denn alle Männer sind so, und stieß sie hart von sich und sprach: „Was willst du von mir? ich kenne dich nicht." Da weinte sie und sprach: „Du kennst mich nicht? Habe ich nicht um deinetwillen meinen alten Vater verlassen? Bin ich nicht um deinetwillen sieben Jahre, sieben Tage, sieben Stunden und sieben Minuten hier oben geblieben, dem Regen und Sonnenschein ausgesetzt, habe ich nicht gegessen und nicht getrunken, und ist auch kein Wort über meine Lippen gekommen?" Er aber sprach: „Und um eines irdischen Mannes willen hast du hier oben gelegen wie ein Hund und hast alles dies über dich ergehen lassen?" und spuckte ihr zweimal ins Gesicht, drehte ihr den Rücken und verließ sie. Da fiel die arme Maruzza zu Boden und weinte bitterlich. Die Feen aber kamen und trösteten sie und sprachen: „Habe nur guten Mut, Maruzza, du sollst noch schöner werden, als du bisher warst, und dich an dem bösen Mann rächen." Da brachten sie sie in das Schloß und wuschen sie mit Rosenwasser viele Tage lang, bis sie wieder ganz weiß wurde und so schön, daß sie niemand mehr erkennen konnte. Dann zog Maruzza in das Land, wo der Prinz mit seiner Mutter, der alten Königin, wohnte. Die Feen begleiteten sie mit allen ihren Kostbarkeiten und bauten ihr in einer Nacht ein wunderschönes Schloß, dem königlichen Schlosse gerade gegenüber.

Als der Prinz am Morgen zum Fenster hinausschaute, sah er verwundert auf den schönen Palast, der viel schöner war als sein eigenes Schloß. Während er sich noch darüber verwunderte, erschien Maruzza am Fenster gegenüber, mit prächtigen Kleidern und so schön, daß der Prinz kein Auge von ihr wenden konnte. Er erkannte sie nicht, machte eine tiefe Verbeugung und wollte sie anreden. Maruzza aber schlug ihm heftig das Fenster vor der Nase zu. „Oh!" dachte er, „wer ist denn diese Dame, die sich gar besser dünkt als ich?" und rief seine Mutter herbei, um sie zu fragen. Sie wußte es aber nicht, und wen er auch fragen mochte, niemand konnte ihm Auskunft geben.

Nun stellte er sich jeden Morgen auf seinen Balkon, wenn er sie drüben an ihrem Fenster erblickte. Wenn er aber versuchte, sie zu begrüßen und anzureden, so drehte sie ihm stolz den Rücken und schlug das Fenster zu. Da ward der Prinz traurig, denn er hätte gern das schöne Mädchen zu seiner Gemahlin gemacht. „Mutter", sprach er eines Tages zur alten Königin, „tut mir den Gefallen und geht einmal zur schönen Dame, die gegenüber wohnt, und bringt ihr in meinem Namen Euer schönstes Stirnband, und fragt sie, ob sie meine Gemahlin sein wolle." Da machte sich die alte Königin auf, ging in das Schloß zur schönen Maruzza, und ein Diener trug auf einem silbernen Präsentierteller das goldene Stirnband, das glänzte von Perlen und edlen Steinen. Als nun Maruzza hörte, die Königin sei da und wünschte mit ihr zu sprechen, eilte sie ihr entgegen, und sprach: „Oh, Frau Königin, warum habt Ihr mich nicht zu Euch rufen lassen und habt Euch zu mir bemüht? An mir war es, zu Euch zu kommen." Da führte sie sie mit vielen schönen Worten in ihren besten Saal, der strahlte von Gold und Edelsteinen, und sprach: „Womit kann ich Euch dienen, edle Königin?" Da antwortete die Königin: „Mein Sohn hat mich hierher gesandt, er ist in heftiger Liebe zu Euch entbrannt und bietet Euch seine Hand an. Und als Zeichen seiner Liebe sendet er Euch dieses köstliche Stirnband." „Oh, welche Ehre!" erwiderte Maruzza, „Eurem Sohn gebührt die reichste, vornehmste Königin, nicht aber ein armes Mädchen, wie ich es bin. Ich bin dieser Ehre nicht würdig." Während sie aber so sprach, hatte sie das kostbare Stirnband genommen und ganz in kleine Stücke zerpflückt. Nun rief sie „kur, kur, kur", da kamen die zwölf Feen herein, die hatten sich in zwölf kleine Gänschen verwandelt und schluckten begierig die Goldkörner und die edlen Steine auf. Die alte Königin aber war sprachlos vor Erstaunen und Zorn. „Frau Königin", sagte Maruzza, „was seht Ihr so zornig aus? Ich pflege meine Gänschen immer mit lauterem Gold zu füttern." Dabei winkte sie einem Diener, der brachte ihr auf einem Präsentierteller den kostbarsten Schmuck, Stirnbänder und Armbänder, und sie zerpflückte alles in tausend Stückchen und streute sie den Gänschen vor.

Also mußte die Königin gekränkt und beschämt nach Hause zurückkehren. Der Prinz aber stand wieder am Balkon und schaute nach dem schönen Mädchen aus. Als nun Maruzza die Königin bis zur Tür begleitet hatte, kehrte sie eilends zurück und trat auf ihren Balkon. Als aber der Prinz sie begrüßen wollte, wandte sie ihm den Rücken zu und schloß heftig das Fenster. Da merkte der Prinz, daß sie ihn zurückgewiesen hatte, noch ehe seine Mutter ihm ihre Antwort überbringen konnte, und ward von Herzen traurig. Er konnte es aber doch nicht lassen, sich jeden Morgen auf den Balkon zu stellen und nach der schönen Maruzza zu schauen. Sie aber wandte ihm immer stolz den Rücken zu und schloß heftig das Fenster.

Nach einiger Zeit sprach der Prinz wieder zur alten Königin: „Mutter, tut mir den Gefallen und geht noch einmal zu der schönen Dame hinüber und fragt sie, ob sie meine Gemahlin werden will." „Ach, mein Sohn", antwortete die Mutter, „bedenke doch nur, wie grausam sie mich beleidigt hat, ich kann doch nicht zu ihr zurückkehren." Der Prinz aber sprach: „Mutter, wenn Ihr mich lieb habt, so erfüllt meine Bitte, und bringet ihr in meinem Namen meine Krone." Da nahm er die Krone vom Kopf und gab sie seiner Mutter, und die alte Königin ließ sich überreden, der schönen Maruzza einen Besuch zu machen.

Als nun Maruzza sie kommen sah, eilte sie ihr entgegen und empfing sie mit großer Höflichkeit. Und als sie beieinandersaßen, frug sie wieder: „Womit kann ich Euch dienen, edle Königin?" Da antwortete die Königin: „Mein Sohn ist in heftiger Liebe zu Euch entbrannt, und hat mich hierhergeschickt, Euch zu fragen, ob er nicht die Ehre haben kann, Euer Gemahl zu werden. Als Zeichen seiner Liebe sendet er Euch seine goldene Krone, die er von seinem Haupte genommen hat." „Ach, edle Königin", sprach Maruzza, „wie könnte ich diese Ehre annehmen? Ein so armes Mädchen, wie ich bin, kann Euer Sohn nicht zu seiner Gemahlin machen." Wie sie das gesagt hatte, rief Maruzza ihren Koch und sprach: „Hier, Koch, nimm diese goldene Krone, sie paßt gerade als Reif um meinen Kessel." Als sie aber wieder sah, daß die Königin ganz entstellt wurde vor Zorn, fuhr sie fort: „Edle Königin, was entstellt ihr Euch so? Ich pflege immer um meine Kessel einen goldenen Reif zu legen." Da winkte sie dem Koch, der brachte ihr eine ganze Menge Kessel, die waren alle von reinem Gold und hatten einen goldenen Reif. Da kehrte die Königin beschämt und gekränkt nach Hause zurück, Maruzza aber eilte an das Fenster, um dem Prinzen die gewohnte Beleidigung zuzufügen.

Nun wurde der Prinz vor Zorn und Kummer krank und lag einen ganzen Monat schwer krank darnieder. Kaum war er besser, so schlich er auch gleich zu seinem Balkon, und als er Maruzza gegenüber stehen sah, versuchte er wieder, sie zu begrüßen. Sie aber drehte ihm den Rücken und schlug ihm das Fenster vor der Nase zu. Da sprach der Prinz zu seiner Mutter: „Mutter, wenn Ihr mich lieb habt, so geht noch einmal zu der schönen Dame, und fraget sie, ob sie meine Gemahlin werden will." Die Königin wollte nicht, er bat aber so lange, bis sie „ja" sagte. Da nahm er seine schwere, goldene Kette vom Hals und gab sie seiner Mutter, sie solle sie der schönen Dame bringen. Die Königin wurde von Maruzza wieder mit aller Höflichkeit empfangen, und Maruzza frug sie: „Womit kann ich Euch dienen, edle Königin?" Da sagte ihr die Königin wieder, der Prinz wolle sie zu seiner Gemahlin und schicke ihr seine goldene Kette. Maruzza aber erklärte wieder, sie sei zu arm und niedrig für den Prinzen. Dann winkte sie ihrem Diener, gab ihm die Kette und sprach: „Lege sie dem Hund an." Als nun die Königin wieder sprachlos dastand über diese neue Beleidigung, sprach Maruzza: „Frau Königin, was seid ihr so erzürnt? Meine Hunde haben immer Ketten von lauterem Gold." Da winkte sie ihrem Diener, der brachte ihr auf einem Präsentierteller eine Menge Hundeketten, die waren alle von schwerem Gold und dick und lang. Die Königin mußte wieder unverrichteterdinge nach Hause zurückkehren. Maruzza aber eilte auf den Balkon, und als sie den Prinzen sah, der mit traurigem Gesicht nach ihr ausschaute, drehte sie ihm den Rücken und schloß das Fenster.

Da wurde der Prinz so krank, daß alle Leute glaubten, er müsse sterben. Aber als er nach langer Zeit wieder etwas besser war, sprach er gleich zu seiner Mutter: „Mutter, ich bitte Euch, geht noch einmal zur schönen Dame und fleht sie an, doch meine Gemahlin zu werden, und saget ihr, daß wenn sie mich zurückweist und noch einmal das Fenster so verächtlich zuschlägt, so werde ich vor ihren Augen tot niedersinken." Die Königin wollte durchaus nicht gehen, da sie aber sah, wie schwach und krank ihr Sohn war, ging sie dennoch zur schönen Maruzza. Da wurde sie freundlich empfangen und sprach: „Edles Fräulein, ich komme mit einer Bitte zu Euch, die Ihr mir nicht abschlagen könnt. Mein Sohn ist mehr denn je in Liebe für Euch entbrannt und fleht Euch an, daß Ihr seine Gemahlin werden wollt. Wenn Ihr ihn aber zurückweiset und ihm das Fenster vor der Nase zuschlaget, so wird er vor Euren Augen tot niedersinken, denn ohne Euch kann er nicht leben." Da antwortete Maruzza: „Sagt Eurem Sohn: Wenn er aus Liebe zu mir sich entschließt, in einem Sarge, unter dem Geläute der Totenglocken, begleitet von den Priestern, die Grabgesänge singen, aus seinem Hause sich in das meinige tragen zu lassen, so wird uns hier der Geistliche erwarten, der uns trauen soll."

Mit dieser Antwort kehrte die Königin zu ihrem Sohn zurück. Der ließ gleich einen schönen Sarg herrichten und legte sich hinein. Da wurden in der ganzen Stadt die Totenglocken geläutet, und der Prinz ward in dem Sarge aus seinem Schloß herausgetragen, und die Priester begleiteten ihn mit brennenden Kerzen und sangen Grabgesänge. Maruzza aber stand königlich geschmückt auf ihrem Balkon und betrachtete stolz den traurigen Zug.

Als aber der Sarg unter ihrem Fenster angekommen war, beugte sie sich heraus und rief mit lauter Stimme: „Und aus Liebe zu einem irdischen Weib hast du dich dazu hergegeben, bei lebendigem Leib als Toter im Sarge zu liegen?" und spuckte ihm zweimal ins Gesicht. Da erkannte er sie und rief laut: „Maruzza, meine Maruzza!" Als er aber so rief, da eilte sie zu ihm hinunter und sprach: „Ja, ich bin deine Maruzza, den Kummer, den du mir zugefügt hast, habe ich dich auch fühlen lassen wollen. Doch nun ist alles gut, und der Geistliche, der uns trauen soll, wartet schon." Da wurde ein glänzendes Hochzeitsfest gefeiert, und der Prinz wurde König, und Maruzza wurde Königin.

Quelle:

Laura Gonzenbach, Sizilianische Märchen, Leipzig 1870.

Nicht immer treten Eltern-Kinder-Probleme so offen zutage wie im vorangegangenen Märchen „Von der Betta Pilusa". Dort begegneten wir einem aggressiven und fordernden Vater, gegen den sich die Heldin zur Wehr setzen mußte. In dem sizilianischen Märchen „Vom grünen Vogel" erkennt man die Unterdrückung des Kindes erst auf den zweiten Blick.

Der König liebte seine Tochter „über alle Maßen", wird uns im ersten Satz berichtet. In der Praxis schaden einem sich entwickelnden Jugendlichen nicht nur aggressive Verhaltensweisen der Eltern, sondern auch überzogene Fürsorglichkeit. Der ängstliche Vater versucht mit allen Mitteln, die düstere Schicksalsprognose des Wahrsagers abzuwenden. In seiner egoistisch motivierten Liebe sperrt er die Tochter mit einer Amme (!) in einen Turm. Wie wir schon in dem Märchen „Rapunzel" gesehen haben, spielt der dunkle Turm auf die Aussperrung der Sexualität an. Die Zahl Elf verweist im christlichen Symboldenken auf die Sündhaftigkeit des Menschen. Gilt die Zahl Zehn als Verkörperung eines abgeschlossenen Ganzen (10 Gebote / zwei mal fünf Finger einer Hand), so ist die Elf die Zahl des Übertritts.

Ähnlich wie in „Rapunzel" ergeben sich auch hier, trotz des Lebens in dem dunklen Turm, Kontakte mit dem Verbotenen. Wieder ist das angeblich Gefährliche ein Mittel zur Befreiung. Die spitzen Knochen, die man dem Mädchen unbedingt vorenthalten will, dienen ihm dazu, „die Mauer aufzukratzen", ein kleines „Fenster zur Außenwelt" freizulegen. Erst jetzt sieht es, was man ihm alles vorenthält, den blauen Himmel und die schönen Blumen. Besonders im blauen Himmel spiegelt sich die Freiheitssehnsucht wider.

An ihrem elften Geburtstag tritt der grüne Vogel in das Leben der Heldin. In vielen Mythen und Religionen sind Vögel Sinnbilder für die menschliche Seele. Psychologisch gesehen, verkörpert in unserem Beispiel der männliche Vogelmensch den Animus von Maruzza. Seine grüne Farbe erinnert an die

„Farbe der Hoffnung". Im Märchen steht Grün meist in direkter Beziehung zu Wachstumsprozessen (Farbe der Vegetation). Zusammenfassend kann man die Ankunft des grünen Vogels im Turm als hoffnungsvollen Beginn einer Kontaktaufnahme zum Animus verstehen.

Im Verlauf des Märchens geht es zunächst darum, den Animus aus seiner Tiergestalt zu erlösen. Angesichts des langen Aufenthalts im Turm darf es uns nicht verwundern, daß dieser Prozeß viel Zeit in Anspruch nehmen wird: „Ich bin ein verwunschener Prinz und muß noch manches Jahr verzaubert bleiben", sagt der Jüngling zu ihr.

Als Maruzza wieder in das prächtige väterliche Schloß zurückkehrt, fehlt ihr schon bald der Kontakt zu dem grünen Vogel. In das gut beschützte väterliche Zuhause vermag der Vogel nicht vorzudringen – dazu ist der Animus noch zu schwach. Obwohl im Schloß für allen Luxus gesorgt ist, entpuppt es sich für Maruzza als Gefängnis, wie es vordem für sie auch der Turm gewesen ist. In dieser sterilen Umgebung wird Maruzza schwermütig – das Lachen ist ihr vergangen ...

Von einer Mutterfigur wird die verfahrene Situation wieder in Bewegung gebracht. „Ein altes Mütterchen, das auf einem Berge wohnte", will Maruzza helfen. Von einer Mutter war in diesem Märchen bisher noch nicht die Rede gewesen. Maruzzas Vater dürfte Witwer gewesen sein. Eine weibliche Identifikationsfigur fehlte dem Mädchen offensichtlich. In Tagträumen und Phantasien allerdings kann jeder von uns Zugang zum Reich der Urmütter bekommen.

Das Besondere an unserem „Mütterchen" ist ihre Herkunft aus den Bergen. Da man in den Bergen dem Himmel ein Stückchen näher ist und einen guten Überblick hat, können wir zu Recht annehmen, daß die alte Frau Maruzza wird helfen können. Das Mütterchen erlangt denn auch problemlos Zugang zum Wohnsitz des grünen Vogels.

In jenem Schloß, so wird berichtet, leben außerdem noch zwölf Feen, die später sich in zwölf kleine Gänschen verwandeln. Gänse sind im Mythos die Tiere der Liebesgöttin Venus-

Aphrodite. Zudem sind sie Opfergaben des Priapus, des Gottes der Zeugungskraft. Für die Etrusker war die Gans die Begleiterin der Geburtsgöttin Thalma. Demnach spiegeln Gänse sowohl Erotisches wie auch Mütterlich-Gebärendes wider (die Gänse, heißt es, hatten „goldene Herde" und Kessel!). Auf der Ebene des Märchens ist es leicht nachvollziehbar, daß die Feen-Gänse sich in der Nähe des Animus (grüner Vogel) aufhalten. Beides ist eng aufeinander bezogen. Das Feenschloß symbolisiert das psychische Zentrum von Maruzza. [1]

Nachdem das alte Mütterchen die Verbindung des jungen Mädchens zu seinem Animus wiederhergestellt hat, entdeckt Maruzza ihr Lachen wieder. Die mütterliche Komponente in ihm weist dem Mädchen auch den direkten Weg zu dem Schloß. Dort angekommen, stellt sich jedoch schnell heraus, daß die Zeit für eine tiefere Erkenntnis des Selbst und auch für die Vermählung mit dem Animus noch nicht gekommen ist.

Um den Prinzen zu erlösen, muß Maruzza sieben Jahre, sieben Tage, sieben Stunden und sieben Minuten in Wind und Wetter stumm und ohne Nahrung verharren. Die Sieben ist im Märchen die Zahl der Totalität [2]; sie soll an dieser Stelle den außergewöhnlichen, alles fordernden Charakter der Prüfung ausdrücken. Maruzza darf sich in dieser Zeit der Isolation mit niemandem austauschen. Dieser Verzicht wird jedoch am Ende durch ein seelisches Wachstum belohnt.

Die im Märchen geschilderte Situation erleben wir auch im täglichen Leben: Ein Partner hat uns mit vagen Versprechungen verlassen, und wir warten standhaft auf ihn – in der Mär-

---

[1] Solche Zentren werden in Mythen und Märchen meist als heilige Berge, Tempel und Paläste dargestellt, die als „Nabel der Welt" (omphalos) gelten. Dieser äußere Mittelpunkt ist immer auch Symbol für den inneren Mittelpunkt. Auch auf alten Stadtplänen läßt sich dieser Archetypus feststellen: Das Schloß befindet sich oft im Zentrum. Vgl. u. a.: *Mircea Eliade*, Der Mythos der ewigen Wiederkehr, Düsseldorf 1953, S. 22–36.

[2] *Manfred Lurker*, Wörterbuch der Symbolik, Stuttgart 1988, S. 660.

chensprache: „mit niemandem sprechen, nichts essen und trinken". Wenn uns der Partner dann nach langer Zeit wieder begegnet, haben sich die äußeren Umstände oft grundlegend verändert. So auch im Märchen: Maruzza ist „häßlich" geworden. Vielleicht hat sie sich zu bereitwillig und zu schnell in die neue „Turmsituation" begeben.

Die Abweisung durch den Prinzen schadet Maruzza allerdings nicht. In Wirklichkeit handelt es sich hier um eine zweite Charakterprüfung. Die inneren weiblichen Helferkräfte (Feen) helfen ihr wieder auf. Dadurch steht sie nun mit einem wichtigen Teil ihres psychischen Zentrums in Kontakt. Die lange Isolation hat sie ihrem Wesenskern auch deswegen näherbringen können, weil sie auf einer „Terrasse" saß und Wind und Wetter ausgesetzt war. Im Gegensatz zur Turmsituation zuvor, die von Dunkelheit gekennzeichnet war, handelte es sich diesmal um eine fruchtbare Isolation.

Nach der barschen Behandlung durch den Prinzen wird Maruzza im Rosenwasser (Blume der Liebe) „ganz weiß" gewaschen. Sowohl das Baden wie auch die Farbe Weiß stehen gleichnishaft für charakterliche Reinheit und Selbstlosigkeit. Aus all den Leiden geht unsere Heldin seelisch geläutert hervor, was jetzt auch in ihrer äußeren Schönheit zum Ausdruck kommt.

Maruzza fühlt sich nun gestärkt, um dem Prinzen erneut zu begegnen und ihm eine Lektion zu erteilen. Dieser befindet sich in einer „unfruchtbaren" Situation; er lebt mit seiner alten Mutter zusammen. Auf humorvolle Weise erzählt nun das Märchen, wie Maruzza dem Prinzen für sein früheres Verhalten einen Spiegel vorhält. Sie begnügt sich nicht damit, ihm den „Rücken zuzukehren" und die „Fenster zuzuschlagen"; sie weist auch seine Geschenke, mit denen er um sie wirbt, zurück und demütigt ihn dadurch.

Bei dem ersten Geschenk handelt es sich nur um ein Stirnband, dann jedoch verzichtet der Prinz zu ihren Gunsten auf seine Krone(!). Die Kette als drittes Geschenk ist ein altes Bild für die Unterordnung. Es wäre für Maruzza jetzt möglich, den

Prinzen „an die Kette zu legen", doch sie will ihn noch deutlicher mit seinem früheren Verhalten konfrontieren.

Unmißverständlich ist ebenfalls die Szene des sich freiwillig in den Sarg legenden Prinzen. Er soll „sterben", das heißt, er soll sich von seiner alten Charakterstruktur verabschieden. Nachdem der Prinz symbolisch „gestorben" ist und somit seine Fehler eingesehen hat, steht einer Heirat nichts mehr im Wege.

In diesem Märchen ist die Befreiung des Animus ein Unternehmen mit großen Hindernissen. Nach C. G. Jung spiegelt jeder Partner, mit dem wir zusammen sind, die Anima bzw. den Animus in uns wider. Unser Partner kann jedoch immer nur bestimmte Aspekte dieses gegengeschlechtlichen Seelenbildes repräsentieren, wenn auch wichtige. Handelt es sich um eine harmonische Beziehung, so herrscht große Übereinstimmung zwischen dem (positiven) inneren gegengeschlechtlichen Leitbild und dem Partner auf der äußeren Ebene.

Der Fähigkeit zur Akzeptanz der gegengeschlechtlichen Identitätsanteile bestimmt letztlich, wie harmonisch Partnerschaften werden können. Im Märchen verdeutlichte das Fluchtverhalten des Prinzen, daß Maruzzas männliches Urbild noch unterentwickelt ist. Der persönliche Animus wurde hier sehr stark von der einengenden Vaterbeziehung beeinflußt. Gerade wenn der Vater die alleinige männliche Bezugsperson ist, können später oft Animusprobleme auftreten. Der Animus trägt dann negative Züge wie der Prinz in unserem Märchen. Parallelen zwischen Vater und Prinz sind daran erkennbar, daß beide Maruzza für längere Zeit einer Isolation aussetzen. Durch eine Besinnung auf sich selbst jedoch hat Maruzza den Animus entfalten können.

Der Vergleich der beiden Märchen „Von der Betta Pilusa" und „Vom grünen Vogel" zeigt recht deutlich, welche unterschiedlichen Folgen eine gestörte Vaterbeziehung für die spätere Partnersuche einer jungen Frau haben kann.

6

Wenn der Partner ein „Tier" ist...

ÖSTLICH VON DER SONNE UND WESTLICH VOM MOND

Es war einmal ein armer Katenmann, der hatte viele Kinder. Er war aber so arm, daß er ihnen weder ordentlich zu essen noch Kleider auf den Leib geben konnte. Dennoch waren die Kinder alle sehr schön, aber am schönsten von allen war doch die jüngste Tochter.

Nun war es einmal an einem Donnerstagabend im Spätherbst ein ganz abscheuliches Wetter draußen. Es war stockfinster, und dabei regnete und stürmte es, daß die Fenster krachten. Die ganze Familie saß um den Kamin herum, und jeder war mit seiner Arbeit beschäftigt. Plötzlich klopfte es dreimal laut ans Fenster. Der Mann ging hinaus und wollte zusehen, was es war, und als er hinauskam, stand da ein großer weißer Bär.

„Guten Abend!" sagte der Bär. „Guten Abend!" sagte der Mann. – „Willst du mir deine jüngste Tochter zur Frau geben", sagte der Bär, „dann will ich dich so reich machen, wie du jetzt arm bist." Dem Mann deuchte das nicht übel; aber er meinte, er müßte doch erst mit seiner Tochter ein Wort sprechen, ging hinein und erzählte, daß draußen ein großer, weißer Bär stünde, der hätte ihm versprochen, ihn ebenso reich zu machen, als er jetzt arm wäre, wenn er ihm seine jüngste Tochter zur Frau geben wolle. Das Mädchen sagte aber nein und wollte nichts von dem Handel wissen. Da ging der Mann wieder hinaus, sprach gütlich mit dem Bären und sagte, er solle nur am nächsten Donnerstagabend wiederkommen. In der Zwischenzeit wolle er schon sehen, was bei der Sache zu tun wäre. Sie überredeten nun das Mädchen und schwatzten ihm allerlei vor von dem großen Reichtum, zu dem sie gelangen würden und wie gut es es selbst bekäme. Da gab es denn endlich nach, wusch seine paar Lappen, die es hatte, putzte sich heraus, so gut es konnte, und hielt sich reisefertig.

Als am nächsten Donnerstagabend der Bär wiederkam, ja, da war's richtig. Das Mädchen setzte sich mit seinem Bündel auf seinen Rücken, und fort ging's. Als sie ein gutes Stück hinausgekommen waren, fragte der Bär sie: „Bist du auch bange?" Nein, das war sie ganz und gar nicht. „Halt dich nur immer gut an meinen Zotteln fest", sagte der Bär, „dann hat's keine Not."

Nun ritt sie auf dem Rücken des Bären weit, weit in die Welt hinaus – kein Mensch kann sagen, wie weit es eigentlich war –, und zuletzt kamen sie zu einem großen Felsen. Da klopfte der Bär an, und es öffnete sich eine Pforte, durch die sie in ein großes Schloß gelangten. Drinnen waren viele von Lampen erleuchtete Zimmer, und alles strahlte von Gold und von Silber. Auch war da ein großer Saal, und in dem Saal stand ein Tisch, der war mit den herrlichsten Gerichten besetzt. Nun gab der Bär ihr eine silberne Glocke und sagte, wenn sie sich irgend etwas im Schloß wünsche, dann solle sie nur damit klingeln, alsdann würde sie es sogleich bekommen. Wie sie nun gegessen und getrunken hatte und gegen Abend müde wurde und sich zu Bett legen wollte, klingelte sie nur mit der Glocke, und zugleich öffnete sich eine Kammer, worin ein aufgemachtes Bett stand, so schön, wie man's nur wünschen konnte, mit seidenen Kissen und Vorhängen mit Goldfransen, und alles, was sich in der Kammer befand, war ebenfalls von Gold und von Silber. Wie sie aber nun das Licht ausgelöscht und sich ins Bett gelegt hatte, kam ein Mensch an und legte sich zu ihr. Und so geschah es jede Nacht; aber sie bekam ihn nie zu sehen, denn er kam immer erst, wenn sie schon das Licht ausgelöscht hatte, und ging wieder fort, eh' es noch Tag wurde. So lebte sie nun eine Zeitlang ruhig und zufrieden; aber endlich bekam sie eine so große Sehnsucht, ihre Eltern und Geschwister wiederzusehen, daß sie ganz still und traurig ward. Da fragte der Bär eines Tages, was ihr fehle, daß sie immer so still und sinnig wäre. „Ach", sagte sie, „es wird mir hier so öde im Schloß, denn ich möchte so gern meine Eltern und meine Geschwister einmal wiedersehen." – „Dazu kann Rat werden", sagte der Bär, „aber du mußt mir versprechen, daß du nie mit deiner Mutter allein reden willst, sondern nur, wenn die andern zugegen sind; denn sie wird dich wohl bei der Hand nehmen und dich in eine Kammer führen wollen, um mit dir allein zu sprechen; läßt du dich aber darauf ein, so machst du mich und dich unglücklich." Nein, sagte das Mädchen, es wolle sich schon in acht nehmen.

Am Sonntag kam der Bär und sagte, jetzt könne sie die Reise zu ihren Eltern antreten. Sie setzte sich nun auf seinen Rücken, und damit ging es fort. Wie sie nun eine lange Zeit gereist waren, kamen sie zu einem großen, weißen Schloß, da gingen ihre Geschwister aus und ein und spielten, und alles war da so schön und prächtig, daß es eine Lust war, es anzusehen. „Da wohnen deine Eltern!" sagte der Bär. „Vergiß nun nicht, was ich dir gesagt habe; denn sonst machst du dich und mich unglücklich." Nein, sie wolle es nicht vergessen, sagte das Mädchen und ging ins Schloß; der Bär aber kehrte wieder um.

Wie nun die Eltern ihre Tochter wiedersahen, freuten sie sich so sehr, daß es gar nicht zu sagen ist, und konnten ihr nicht genug danken für das, was sie für sie getan hatte. Und sie erzählten ihr, wie sie es nun so außerordentlich gut hätten und fragten sie, wie es denn ihr ginge. Oh, ihr ginge es auch recht gut, sagte das Mädchen, sie hätte alles, was sie sich nur wünschte. Was sie noch weiter sagte, weiß ich nicht recht; aber ich glaube, sie gab ihnen doch keinen ordentlichen Bescheid. Am Nachmittag, als sie gegessen hatten, geschah es, wie der Bär ihr gesagt hatte: die Mutter wollte mit der Tochter allein in der Kammer sprechen. Aber das Mädchen dachte an die Worte des Bären und wollte nicht mit ihr gehen, sondern sagte: „Oh, das, was wir zu sprechen haben, können wir immer hier sprechen." Nun weiß ich aber nicht, wie es recht kam, die Mutter überredete sie doch zuletzt, und da mußte sie ihr denn alles erzählen, was sie wußte. Sie erzählte ihr nun auch, wie des Abends, wenn sie das Licht ausgemacht hätte, immer ein Mensch käme und sich zu ihr ins Bett legte. Aber sie bekäme ihn nie zu sehen, denn eh' es Tag würde, wäre er immer wieder fort, sagte sie, und darüber wäre sie so betrübt. Denn sie wollte ihn doch so gern sehen, und der Tag würde ihr so lang, weil sie immer so allein wäre. „Wer weiß! Das ist gewiß ein Troll, der bei dir schläft", sagte die Mutter. „Wenn du aber meinem Rat folgen willst, so steh des Nachts auf, wenn er eingeschlafen ist, und zünde ein Licht an, und sieh zu, was es für einer ist. Aber nimm dich in acht, daß du keinen Talg auf ihn tröpfelst."

Am Abend kam der Bär wieder und holte das Mädchen ab. Wie sie nun ein Ende hinausgekommen waren, fragte er sie, ob es nicht so gekommen sei, wie er gesagt hätte. „Ja", das konnte das Mädchen nicht leugnen. „Hast du nun dem Rat deiner Mutter gehorcht", sagte der Bär, „dann machst du dich und mich unglücklich, und mit uns beiden ist dann die Freundschaft aus." Nein, das hätte sie nicht getan, sagte sie.

Als sie nun nach Hause gekommen waren und das Mädchen sich ins Bett gelegt hatte, geschah es wieder wie sonst: es kam ein Mensch und legte sich zu ihr. In der Nacht aber, als sie hörte, daß er schlief, stand sie auf und zündete ein Licht an und da sah sie nun im Bett den schönsten Prinz liegen, den man nur sehen konnte, und sie ward so verliebt in ihn, daß sie ihn den Augenblick küssen mußte. Da versah sie's aber und ließ drei heiße Talgtropfen auf sein Hemd fallen, so daß er davon erwachte. „Was hast du getan?" rief er, als er die Augen aufschlug. „Nun hast du mich und dich unglücklich gemacht. Hättest du bloß das Jahr ausgehalten, so wäre ich erlöst gewesen. Denn ich habe eine Stiefmutter, die hat mich verzaubert, so daß ich des Tages ein Bär und des Nachts ein Mensch bin. Aber mit uns beiden ist es nun aus, denn ich muß dich jetzt verlassen und wieder zu ihr reisen. Sie wohnt auf einem Schloß, das liegt östlich von der Sonne und westlich vom

Mond, und da soll ich eine Prinzessin heiraten, die hat eine Nase, die ist drei Ellen lang."

Das Mädchen fing an zu weinen und zu jammern; aber es war jetzt zu spät, er mußte fort. Sie fragte ihn, ob sie denn nicht mit ihm reisen könnte. Nein, sagte er, das ginge nicht an. „Kannst du mir denn nicht den Weg sagen, damit ich dich aufsuche?" fragte sie. „Denn das ist mir doch wohl erlaubt?" – „Ja, das magst Du gern", sagte er, „aber es führt kein Weg dahin, denn das Schloß liegt östlich von der Sonne und westlich vom Mond, und dahin kommst du nie."

Am Morgen, als sie erwachte, waren sowohl der Prinz als auch das Schloß verschwunden, und sie lag nun auf der bloßen Erde mitten in einem dicken, finstern Wald und hatte wieder ihre alten Lappen an. Und neben ihr lag dasselbe Bündel, das sie von Hause mitgenommen. Als sie sich den Schlaf aus den Augen gerieben und sich satt geweint hatte, begab sie sich auf den Weg und wanderte viele, viele Tage lang, bis sie endlich zu einem großen Berg kam. Vor dem Berge saß eine alte Frau und spielte mit einem goldenen Apfel. Das Mädchen fragte sie, ob sie nicht den Weg wüßte zu dem Prinzen, der bei seiner Stiefmutter auf einem Schloß wohne, das östlich von der Sonne und westlich vom Mond läge, und der eine Prinzessin heiraten sollte mit einer Nase, die drei Ellen lang wäre. „Woher kennst du ihn?" fragte die Frau: „Bist du vielleicht das Mädchen, das er heiraten wollte?" Ja, sagte das Mädchen, das wäre sie. „So! also du bist es!" sagte die Frau. „Ja, mein Kind", fuhr sie fort, „ich wollte dir gern helfen, aber ich weiß auch weiter nichts von dem Schloß, als daß es östlich von der Sonne und westlich vom Mond liegt, und dahin kommst du wohl nie. Ich will dir aber mein Pferd leihen, darauf kannst du zu meiner nächsten Nachbarin reiten, vielleicht, daß *sie* den Weg dir sagen kann. Wenn du aber bei ihr ankommst, so schlage nur das Pferd unter das linke Ohr und heiß es wieder nach Hause gehen; und dann nimm diesen goldenen Apfel, denn du kannst ihn vielleicht gebrauchen."

Das Mädchen setzte sich nun auf das Pferd und ritt eine

lange, lange Zeit; endlich kam sie wieder zu einem Berg, vor dem saß eine alte Frau mit einer goldenen Haspel. Das Mädchen fragte sie, ob sie ihm nicht den Weg sagen könne nach dem Schloß, das östlich von der Sonne und westlich vom Mond läge. Die sagte aber ebenso wie die vorige Frau, sie wüßte weiter nichts von dem Schloß, als daß es östlich von der Sonne und westlich vom Mond läge, „und dahin wirst du wohl niemals kommen", sagte sie. „Aber ich will dir mein Pferd leihen, darauf kannst du zu meiner nächsten Nachbarin reiten, vielleicht daß *sie* den Weg dir sagen kann. Wenn du aber bei ihr ankommst, so schlage nur das Pferd unter das linke Ohr und heiße es wieder nach Hause gehen; und dann nimm diese goldene Haspel mit, denn du kannst sie vielleicht gebrauchen."

Das Mädchen setzte sich nun auf das Pferd und ritt viele Tage und Wochen lang. Endlich kam sie wieder zu einem Berg, und vor dem saß eine alte Frau und spann an einem goldenen Rocken. Das Mädchen fragte nun wieder nach dem Prinzen und nach dem Schloß, das östlich von der Sonne und westlich vom Mond läge. „Bist du es, die der Prinz heiraten wollte?" fragte die Frau. „Ja", sagte das Mädchen. Aber die Frau wußte den Weg nicht besser als die beiden vorigen. „Östlich von der Sonne und westlich vom Mond liegt das Schloß", sagte sie, „und dahin kommst du wohl niemals. Ich will dir aber mein Pferd leihen; darauf kannst du zu dem Ostwind reiten; vielleicht daß der den Weg dir sagen kann. Wenn du aber bei ihm ankommst, so schlage nur das Pferd unter das linke Ohr, und heiß es wieder nach Hause gehen, und dann nimm diesen goldenen Rocken mit, denn du kannst ihn vielleicht gebrauchen."

Sie ritt nun manche liebe Zeit, und endlich kam sie bei dem Ostwind an. Sie fragte ihn nun wieder, ob er ihr nicht sagen könne, wie sie zu dem Prinzen käme, der auf dem Schloß wohne, das östlich von der Sonne und westlich vom Mond läge. „Ja, von dem Prinzen hab' ich wohl reden hören und von dem Schloß auch", sagte der Ostwind. „Aber den Weg kann ich dir nicht sagen, denn ich habe nie so weit geweht. Ich will dich aber zu meinem Bruder, dem Westwind führen. Vielleicht, daß der es weiß, denn der ist viel stärker als ich. Du kannst dich nur auf meinen Rücken setzen, dann will ich dich hintragen." Das Mädchen setzte sich nun auf seinen Rücken, und fort ging es. Als sie bei dem Westwind ankamen, erzählte ihm der Ostwind, er habe ein Mädchen mitgebracht, die den Prinzen heiraten solle, der auf dem Schloß wohne, das östlich von der Sonne und westlich vom Mond läge, und fragte ihn, ob er nicht den Weg dahin wüßte. „Nein", versetzte der Westwind, „so weit habe ich nie geweht. Wenn du es aber wissen willst", sagte er zu dem Mädchen, „so kannst du dich auf meinen Rücken setzen, dann will ich dich zu dem Südwind bringen; vielleicht kann der es dir sagen, denn der ist weit stärker als ich und weht und streift überall umher." Das Mädchen setzte sich auf seinen Rücken, und da dauerte es denn nicht lange, so waren sie bei dem Südwind. Als sie ankamen, fragte ihn der Westwind, ob er nicht den Weg nach dem Schloß wüßte, das östlich von der Sonne und westlich vom Mond läge, denn das Mädchen, das er mitgebracht hätte, solle den Prinzen heiraten, sagte er. „So?" sagte der Südwind, aber den Weg wußte er auch nicht. „Ich hab' mein Lebtag viel herumgeweht", sagte er, „aber soweit bin ich nie gekommen. Wenn du es aber wünschest", sagte er zu dem Mädchen, „so will ich dich zu meinem Bruder, dem Nordwind, führen, der ist der älteste und stärkste von uns allen, und wenn der den Weg dir nicht sagen kann, so erfährst du ihn niemals." Das Mädchen mußte sich nun auf seinen Rücken setzen, und fort ging es, daß die Heide wackelte.

Es dauerte nicht lange, so kamen sie bei dem Nordwind an; aber der war so wild und ungestüm, daß er ihnen schon von weitem lauter Schnee und Eis ins Gesicht blies. „Was wollt ihr?" rief er, so daß es ihnen kalt über die Haut lief. „Oh, du mußt nicht so gegen uns auffahren", sagte der Südwind, „denn das bin ich, dein Bruder, und das hier ist das Mädchen, das den Prinzen heiraten soll, der auf dem Schloß wohnt, das östlich von der Sonne und westlich vom Mond liegt, und nun wollte es dich fragen, ob du nicht da herum Bescheid wüßtest." – „Ja, ich weiß wohl, wo es liegt", sagte der Nordwind, „ich habe mal ein Espenblatt dahin geweht; aber da war ich so müde, daß ich nicht wieder wehen konnte manchen lieben Tag. Wenn du aber durchaus dahin willst", sagte er zu dem Mädchen, „und dich nicht fürchtest, so will ich dich auf meinen Rücken nehmen und zusehen, ob ich dich hinwehen kann." – Ja, sagte das Mädchen, hin wolle und müsse sie, wenn's nur auf irgendeine Weise angehen könne, und bange wäre es ganz und gar nicht, ob's auch noch so schlimm gehen sollte. – „So mußt du die Nacht hierbleiben", sagte der Nordwind, „denn wir müssen den Tag vor uns haben, wenn wir hin wollen."

Früh am andern Morgen weckte sie der Nordwind, blies sich auf und machte sich so groß und stark, daß es ganz entsetzlich war, und fort ging's durch die Luft, als ob's bis ans Ende der Welt gehen sollte. Da entstand ein so gewaltiger Sturm, der ganze Dörfer und Wälder umwehte, und als sie über's große Meer kamen, versanken die Schiffe zu Hunderten. Immer ging's fort über's Wasser, und das so weit, so weit, daß kein Mensch es glauben sollte; aber der Nordwind wurde schwächer und immer schwächer, und so schwach wurde er, daß er beinahe nicht mehr wehen konnte, und er sank tiefer und immer tiefer hinunter, und zuletzt ging er so niedrig, daß die Wellen ihm an die Fersen schlugen. „Bist du bange?" fragte er das Mädchen. „Nein, ganz und gar nicht", sagte es. Nun waren sie nicht mehr weit vom Lande, und der Nordwind hatte kaum noch so viel Kräfte übrig, daß er sie an den Strand unter die Fenster des Schlosses wehen konnte, das östlich von der Sonne und westlich vom Mond lag. Da war er aber auch so matt und hinfällig, daß er sich viele Tage lang ausruhen mußte, eh' er wieder nach Hause konnte.

Den andern Morgen setzte das Mädchen sich unter die Fenster des Schlosses und spielte mit dem goldenen Apfel, und die erste, welche sie sah, war die Nasenprinzessin, die der Prinz heiraten sollte. „Was willst du für deinen goldenen Apfel haben?" fragte sie das Mädchen, indem sie das Fenster aufmachte. „Der ist nicht feil, weder für Gold noch für Geld", sagte das Mädchen. „Wenn du ihn nicht verkaufen willst, weder für

Gold noch für Geld, was willst du denn dafür haben?" sagte die Prinzessin. „Ich will dir geben, was du verlangst." – „Ja, wenn ich eine Nacht bei dem Prinzen schlafen darf, so sollst du ihn haben", sagte das Mädchen. „Ja, das magst du gern", sagte die Prinzessin und nahm den goldenen Apfel. Als aber das Mädchen in die Kammer des Prinzen kam, war dieser fest eingeschlafen; sie rief ihn und rüttelte ihn und weinte und jammerte; aber sie konnte ihn nicht ermuntern. Am Morgen, als es hell wurde, kam die Prinzessin mit der langen Nase und jagte sie wieder hinaus.

Am nächsten Tag setzte das Mädchen sich wieder unter die Fenster des Schlosses und schlang das Garn auf ihre goldene Haspel, und nun geschah es wieder ebenso wie gestern. Die Prinzessin fragte sie, was sie für die Haspel haben wolle; aber das Mädchen sagte, sie wäre nicht feil, weder für Gold noch für Geld; wenn sie aber noch eine Nacht bei dem Prinzen schlafen dürfe, so solle die Prinzessin sie haben. Die sagte sogleich ja und nahm die goldene Haspel. Als aber das Mädchen hinaufkam, war der Prinz wieder fest eingeschlafen; und wie viel sie ihn auch rief und rüttelte, weinte und jammerte, so konnte sie ihn doch nicht ermuntern; und am Morgen, als es hell wurde, kam die Prinzessin mit der langen Nase und jagte sie wieder hinaus.

An diesem Tage setzte sich das Mädchen mit ihrem goldenen Rocken unter die Fenster hin und spann. Als die Prinzessin mit der langen Nase den Rocken sah, wollte sie den auch gern haben; sie machte das Fenster auf und fragte das Mädchen, was es haben wolle für seinen goldenen Rocken. Das Mädchen sagte aber wieder wie die beiden vorigen Male, für Gold und Geld sei er nicht feil; wenn die Prinzessin sie aber noch eine Nacht bei dem Prinzen wolle schlafen lassen, dann solle sie ihn haben. Ja, das dürfe sie gern, sagte die Prinzessin und nahm den goldenen Rocken. Nun hatten aber einige Leute, die neben der Kammer des Prinzen schliefen, seit zwei Nächten ein so klägliches Rufen und Wimmern von einem Frauenzimmer drinnen gehört, und das erzählten sie am Morgen dem Prinzen. Als nun am Abend die Prinzessin mit der Suppe kam, die der Prinz immer zu trinken pflegte, eh' er zu Bett ging, tat er, als ob er sie tränke, aber goß die Suppe hinter sich; denn er ahnte nun wohl, daß die Prinzessin einen Schlaftrunk hineingetan hatte. Wie nun am Abend das Mädchen in die Kammer kam, war der Prinz noch wach und freute sich über alle Maßen, das Mädchen wiederzusehen; und es mußte ihm nun erzählen, wie es ihm ergangen war und wie es nach dem Schloß gekommen sei. Als es ihm alles erzählt hatte, sagte er: „Du kommst gerade zu rechter Zeit; denn morgen soll meine Hochzeit mit der Prinzessin sein; aber ich frage nichts nach ihr und ihrer langen Nase, sondern du bist die einzige, die ich haben will. Ich werde darum sagen, ich möchte gern sehen, wozu meine Braut taugt, und von der Prinzessin verlangen, daß sie die drei Talgflecke aus meinem Hemd wasche. Darauf wird sie sich denn wohl einlassen, aber ich weiß, daß sie es nicht zustande bringt; denn die Flecke sind von deiner Hand darauf getröpfelt, und nur Christenhände können sie wieder auswaschen, aber nicht die Hände von solchem Trollpack, wozu sie gehört. Ich werde aber sagen, ich wolle keine andere Braut haben, als die, welche es zustande brächte, und wenn sie es dann alle versucht haben und nicht damit fertig werden können, dann werde ich dich rufen, daß du es auch versuchst." Hierauf brachten sie die Nacht munter und vergnügt miteinander zu. Als aber am Tage die Hochzeit werden sollte, sagte der Prinz: „Ich möchte doch erst sehen, wozu meine Braut taugt." Das wäre nicht mehr als billig, meinte die Stiefmutter. „Ich habe ein so schönes Hemd", sagte der Prinz, „und das möchte ich gern zum Bräutigamshemd haben; aber nun sind mir drei Talgflecke hineingekommen, und die wollt' ich gern wieder ausgewaschen haben; darum habe ich mir vorgenommen, keine andere zu heiraten, als die, welche dazu taugt." Je nun, das wäre ja nicht so gefährlich, meinten die Frauen, und gingen darauf ein; und die Prinzessin mit der langen Nase fing an zu waschen, was sie nur konnte; aber je länger sie wusch, desto größer und schwärzer wurden die Flecke. „Ach, du verstehst dich nicht darauf", sagte das alte Trollweib, ihre Mutter. „Gib mir mal her!" Als aber die nun das Hemd bekam, wurde es noch schwärzer, und je mehr sie wusch und rieb, desto größer wurden die Flecke. Nun sollten die andern Trollweiber das Hemd waschen; aber je länger sie es wuschen, desto abscheulicher ward es und zuletzt sah das ganze Hemd aus, als hätt' es im Schornstein gehangen. „Ach, ihr taugt alle nicht dazu!" sagte der Prinz. „Da sitzt eine arme Bettlerdirne unter dem Fenster; ich bin gewiß, die versteht sich besser aufs Waschen, als ihr alle zusammen. Komm mal herein, du Dirne!" rief er; und als das Mädchen kam, fragte er sie: „Kannst du wohl das Hemd da rein waschen?" – „Ich weiß nicht", sagte das Mädchen,„,aber ich denke wohl." Das Mädchen nahm nun das Hemd und fing an zu waschen und da wurde es unter seinen Händen so weiß wie frisch gefallener Schnee und noch weißer. „Ja, dich will ich haben!" sagte der Prinz. Da ward das alte Trollweib so zornig, daß es barst; und die Prinzessin mit der langen Nase und das andre Trollpack, glaub' ich, ist auch geborsten; denn ich habe nachher nie wieder etwas von ihnen gehört. Der Prinz und seine Braut ließen nun alle Christen frei, die im Schloß gefangen waren; darauf nahmen sie so viel Gold und Silber, als sie nur fortschaffen konnten, und zogen weit weg von dem Schloß, das östlich von der Sonne und westlich vom Mond lag. Wie sie aber fortgekommen sind und wo sie hinzogen, das weiß ich nicht; sind es aber die, welche ich meine, so sind sie nicht gar so weit von hier.

Quelle:

Christian Asbjornsen / Jorgen Moe, Norwegische Volksmärchen, Berlin 1846.

Nicht nur im Schamanismus, sondern auch in den Mythen und Märchen Nordeuropas besitzen Bären eine wichtige symbolische Bedeutung. In der Politik, z. B. im Stadtwappen Berlins, begegnet uns der Bär als ein Bild für große physische Kraft und Macht. Im Märchen treffen wir „Meister Petz" oft als „Nimmersatt", etwa als Honigdieb. Der Bezug zum Irdisch-Materiellen und zum Genußprinzip wird auch in der Redewendung „Ich habe Bärenhunger" deutlich.

Der aufdringliche Brautwerber, mit dem die Tochter des Katenmannes verkuppelt wird, scheint ein „Mann wie ein Bär" zu sein. Sein Tierzustand läßt erkennen, daß er seine eigentliche (menschliche) Identität erst noch finden muß. [1] Auch im realen Leben begegnen uns solche „verwunschenen Männer". Ein „Bärmann" ist ein physisch kräftiger, attraktiver, genußfähiger und materiell orientierter Mann. Auch der Bärmann im Märchen ist so reich, daß er sich eine Frau kaufen kann. Ohne „käufliche Liebe" direkt mit Prostitution gleichsetzen zu wollen, so tun wir unserem verwunschenen Mann wohl nicht unrecht, wenn wir ihm ein mangelndes Verständnis für die geistig-seelische Liebe zweier Menschen unterstellen. Von einem „tierischen Mann" dürfen wir das auch nicht erwarten …

Der am Anfang des Märchens beschriebene Handel dürfte in früherer Zeit wohl des öfteren vorgekommen sein. Kinder wurden nicht selten aus wirtschaftlichen Gründen an einen reichen Bewerber „vermittelt", ohne daß weiter nach Gefühlen oder gar geistigen Bedürfnissen gefragt worden wäre.

Der Vater im Märchen scheint zunächst ein schlechtes Gewissen zu haben, da er meint, „er müsse doch erst mit seiner Tochter ein Wort sprechen". Über das „Nein" der Tochter

---

[1] Ein ähnliches Tierbräutigammärchen ist „Das singende springende Löweneckerchen". Vgl. *Verena Kast*, Mann und Frau im Märchen, Olten 1983, 4. Kapitel.

setzt er sich dann jedoch hinweg. Die Eltern schwatzten ihr allerlei vor von dem großen Reichtum, der ihr versprochen sei, und diese Lockungen verfehlten ihre Wirkung bei dem Mädchen nicht. Auch bei ihm scheint das Ideal der geistig-seelischen Liebe noch nicht verwirklicht zu sein.

Das erste Aufeinandertreffen von Braut und Bräutigam verläuft recht harmonisch. Die beiden scheinen sich nicht ganz so fremd zu sein, wie es anfangs schien. Das Mädchen hielt sich auf der Reise gut an den Bärenzotteln fest. Dieses Festhalten spricht meist für eine symbiotische Beziehung: Beide sind stark aufeinander angewiesen. Die für eine harmonische Partnerschaft so wichtige Autonomie jedes Partners ist hier bislang noch nicht erreicht.

Zunächst scheint alles in bester Ordnung zu sein. Sie leben in einem Schloß, indem alles „von Gold und Silber" glänzt, haben reichlich zu essen und zu trinken und schlafen in seidenen Betten. Wohlstand, Sexualität (Bett) und körperliches Wohlbehagen (Wunschglocke!) sind die verbindenden Elemente dieser Beziehung. Eine solche Beziehung wird sich irgendwann vor die Entscheidung gestellt sehen: entweder die Partnerschaft wird über das Bestehende hinaus entwickelt, oder sie wird getrennt.

Obwohl das im Märchen beschriebene „Bärenleben" viele Annehmlichkeiten bietet, fehlt doch sowohl die „geistige Nahrung" als auch die Integration in den Alltag und in die Umwelt. Das Paar lebt isoliert in einem Felsen. Die Frau bekommt große Sehnsucht, Eltern und Geschwister wiederzusehen. Seelische Nähe scheint sie bei dem Tierbräutigam zu entbehren, so fürsorglich er auch ansonsten sein mag. Es wird ihr „so öde im Schloß", der Rausch materieller Genüsse scheint vorbei zu sein. Langsam spürt die Frau, daß sie in einem goldenen Käfig lebt.

Auch der Bär beginnt das Ende des für ihn so problemlosen Lebens zu ahnen. Er hat Angst davor, sich in Zukunft nicht mehr auf seine „Tiernatur" zurückziehen zu können. Wenn er seine Partnerin davor warnt, allein mit ihrer Mutter zu reden, so heißt das, daß er verhindern will, daß sie sich auf ihre eigenen Wurzeln besinnt. Die Mutter ist die Instanz, die Licht in das Dunkel der Bärbeziehung bringen will.

Den Eltern erzählt die junge Frau, daß sie alles habe, was sie sich wünsche. Trotzdem, so wird uns berichtet, gab sie „ihnen keinen ordentlichen Bescheid". Es fällt ihr offensichtlich schwer, über die problematischen Seiten ihrer Beziehung zu dem Bären zu reden. Erst im stillen Kämmerlein berichtet sie der Mutter von den nächtlichen Verwandlungen ihres Gatten, der halb Mensch und halb Tier ist. Bezeichnend ist der Umstand, daß das Menschliche nur im „Dunkeln" existiert. Im Tageslicht, also im bewußten Leben, erscheint es nicht.

Die nun folgende Episode mit der Lampe entspricht bis ins Detail dem griechischen Mythos von Eros und Psyche.[2] Die Frau bringt zu früh „Licht in das Dunkel" und verschlimmert dadurch die psychische Lage ihres Mannes, der auf solche Enthüllungen seines – bisher verborgenen – Wesens noch nicht vorbereitet ist. Der seelische Komplex, dem er seine Verwünschung verdankt, verschlimmert sich; er soll jetzt die ihm von der Stiefmutter bestimmte Frau, ein „Trollweib", heiraten. Dies zeigt, daß er sich noch nicht von der Welt der „bösen Mütter" (Stiefmutter) hat lösen können. Die für ihn problematischen Muttererfahrungen bewirkten in der Vergangenheit seine materialistische Sicht der Mann-Frau-Beziehung, was sich äußerlich in seinem Bärenfell niederschlug. Letztlich kann man die hier ausgelöste Rückkehr in die „Trollwelt" auch als Flucht des Mannes vor einer fordernden Partnerin deuten, die mit allem Nachdruck die Grundlagen der Beziehung klären will.

Nicht nur im Märchen, sondern auch im realen therapeutischen Prozeß stoßen wir auf die oben beschriebene Situation. Wenn der Therapeut zu früh Komplexe und Traumata des

---

[2] Im einzelnen psychologisch gedeutet habe ich diesen Mythos in meinem Buch Bildersprache Astrologie, Wettswil 1991. Vgl. das Kapitel „Waage".

Klienten beleuchtet, provoziert er oft ein regressives Verhalten; der Mensch fällt zurück hinter bislang schon Erreichtes. Trotzdem kann eine solche „Schockbehandlung" Früchte tragen – ähnlich wie in unserem norwegischen Märchen. Der „Bär" wird endlich mit den Gründen seiner Verzauberung konfrontiert. Ein weiteres Zusammenleben im warmen Nest hätte einen Entwicklungsstillstand bedeutet.

In dieser kritischen Phase wächst die Frau über sich hinaus. Anfangs haben wir gesehen, daß auch sie die geistig-seelische Liebe als Ideal noch nicht verinnerlicht hatte. Nachdem die Begegnung mit der Mutter sie aufgerüttelt hat, ist sie nun bereit, ihren Mann bei dem schweren Kampf gegen den Komplex, die Trollwelt, zu unterstützen. Der Gang der Ereignisse hat die Frau zur Selbstlosigkeit befähigt. Sie erlegt sich Übermenschliches auf, um ihrem Mann zu helfen. Ganz allein will ist sich zu einem Schloß aufmachen, das „östlich von der Sonne und westlich vom Mond liegt". Die verwirrende geographische Angabe symbolisiert die Schwierigkeiten des Individuationsweges.

Trotz der Probleme, die sich bei dieser Reise ergeben, hält sie weiter zu ihrem „Bären". Zunächst fällt sie zurück in ihren früheren Zustand: „Sie hatte wieder ihre alten Lumpen an." Das materielle Verständnis von Partnerschaft ist demnach endgültig aufgegeben worden. Außerdem findet sie sich auf der Erde in einem „dicken, finstern Wald" wieder – damit werden bildlich die durch die geistige Umorientierung ausgelösten Ängste beschrieben. Ihr Wille, dem Mann zu helfen, ist jedoch ungebrochen. Schon bald gelangt sie zu einem Berg, vor dem eine alte Frau mit einem goldenen Apfel sitzt.

Von der Symbolik her ist es wichtig zu untersuchen, ob Berge im Märchen als Reisehindernis oder nur als geographischer Ort erwähnt werden. Das alte Mütterchen im Märchen „Vom grünen Vogel" wohnte *auf* dem Berge und hatte damit als Bewohnerin dieser höher gelegenen Welt einen guten Überblick über die menschlichen Probleme. Die Alte in unserem Märchen sitzt *vor* dem Berg, an dem das Mädchen erst noch vorbei bzw. den es noch überwinden muß. Zum einen verkörpert die Alte als Bergbewohnerin die Weisheit, zum anderen kann sie dem *vor* dem Berg stehenden Mädchen nur begrenzt helfen. Den goldenen Apfel wird unsere Heldin später gut gebrauchen können. Er symbolisiert die selbstlose Liebe, zu der sie sich noch hinentwickeln soll. Auch die anderen Mutterfiguren, die vor weiteren Bergen sitzen, haben wertvolle Geschenke parat: eine goldene Haspel und einen goldenen Faden. Wie ausführlich in dem weiter unten gedeuteten Märchen „Die drei Federn" beschrieben, haben die Tätigkeiten des Spinnens, Nähens und Knüpfens einen Bezug zum Schicksal. Unsere Heldin bekommt hier bildlich das Schicksal in die eigenen Hände gelegt.

Die seelische Aufwärtsentwicklung bei der mühevollen Suche nach dem Schloß wird dem Leser sehr anschaulich beschrieben. Wenn wir uns zurückerinnern, so befand sich die Frau zunächst „auf der bloßen Erde" im finsteren Wald. Anschließend gelangt sie in eine Bergregion, und zuletzt schließlich verläßt sie die irdische Welt und spricht mit den Winden. In diesem Stadium beginnt die Heldin vom „Boden abzuheben". Mit ihrem von Wind zu Wind reitenden Pferd werden wir an das griechische Musenroß Pegasus erinnert, das Sinnbild für die geistige Kreativität ist.

Selbst bei den vier Winden stellen wir noch eine Steigerung der Entwicklungsmöglichkeiten fest. Nicht zufällig ist es der ungemütlichste der Winde, der eisige Nordwind, der mit seiner Härte die Frau zum Ziel trägt und ihr dabei die letzten Reserven abverlangt. Je näher man dem Ziel kommt, desto rauher wird das „Klima" und desto entbehrungsreicher das Leben ... Dem seelischen Zustand der Heldin entsprechen die umgewehten Dörfer und Wälder, die als Symbole für die Lebensumstände gelten können.

Glücklich am Schloß angekommen, sieht sich die Frau sogleich mit ihrer Konkurrentin, der Nasenprinzessin, konfrontiert. Lange Nasen sind in den meisten europäischen Märchen ein Kennzeichen für Hexen. Das habsüchtige „Trollweib" möchte unbedingt Haspel, Apfel und Faden bekommen. Da diese Dinge jedoch in erster Linie einen seelisch-geistigen Wert besitzen, kann die Nasenprinzessin aus ihnen keinen Nutzen ziehen. Sie läßt sich von dem Gold blenden. Für die Frau bedeutet das Weggeben ihre einzig verbliebenen Besitzes, daß sie sich allein auf die Früchte ihrer bisherigen Entwicklung verlassen muß.

Der durch die Krise bewirkte Einstellungswandel ist bemerkenswert. Anfangs waren ihr noch „Essen, Trinken und Bett" sehr wichtig. Mittlerweile jedoch ist sie bereit, ihre drei kostbaren Gegenstände wegzugeben, „nur" um dafür den Geliebten sehen zu dürfen. Der goldene Apfel ist jetzt eine innere Realität geworden; was auf der materiellen Ebene mit ihm geschieht, ist in diesem Stadium des Märchens belanglos. Die Frau hat nun endgültig gelernt, daß seelische Werte wichtiger sind als Reichtum.

Durch die Hilfe der geläuterten Frau kann der Prinz die Trollwelt hinter sich lassen. Mit dem unreflektierten Vor-sich-hin-Leben mit der Nasenprinzessin und auch mit deren Täuschungen (Schlaftrunk) gibt er sich jetzt nicht mehr zufrieden. Der Niveauunterschied zwischen den beiden Frauen kommt in der Hemdreinigung optisch zum Ausdruck. Die „Christin" hat die größere Fähigkeit, Reinheit herzustellen (Farbe Weiß). Als seelische Stärkere ist sie letzlich auch dem Prinzen überlegen.

An dieser Stelle lohnt es sich, einen kurzen Blick auf die Symbolik von Kleidern zu werfen. Sie sind ein Darstellungsmittel der Persönlichkeit des Menschen. In vielen religiösen Handlungen, etwa der „Einkleidung" von Klosterschwestern, dokumentiert der Kleiderwechsel einen Einstellungswandel. In der Anfangszeit des Christentums trugen die Menschen nach der Taufe weiße Kleider, um damit die „moralische Unbeflecktheit" auszudrücken. Auch das gereinigte *weiße* Hemd des Prinzen entspricht einer seelischen Reinigung.

Das Hemd ist ein vergleichsweise persönliches Kleidungsstück. Sehen wir jemanden im „bloßen Hemd", so erfahren wir ihn in seiner wahren Persönlichkeit.

Im Text finden wir noch den Zusatz, es handele sich um ein „Bräutigamshemd". Damit wird deutlich, daß dieses spezielle Hemd die persönliche Einstellung des Prinzen zum Thema Partnerschaft versinnbildlicht. Genau diese Einstellung ist von der Frau positiv verändert worden. Die alten Komplexe können jetzt abgelegt werden. Das „Trollpack" hat seine Schuldigkeit getan – es kann platzen.

Auch dieses Märchen läßt sich auf der Animus-Anima-Ebene deuten: Wird unsere Vorstellung von Partnerschaft von materiellen Ansprüchen beherrscht, so geraten wir an einen Partner, der diese Ansprüche und Wünsche verkörpert. In dem Maße, in dem wir uns später weiterentwickeln und uns neue Ideale setzen, verändert sich auch oft der Partner. In der Realität kommt es bei mangelnder Veränderungsbereitschaft des Partners meist zu einem Partnerwechsel. Beziehungen, bei denen der eine dem anderen auf Dauer überlegen ist, schaden letztlich beiden. Unser Märchen jedoch zeigt auch, daß man durch eine freiwillige Opferbereitschaft die Entwicklung des Partners erheblich beschleunigen kann und sogar selber dabei noch seelisch zu reifen vermag.

ZWEITER TEIL

MÄNNER IM MÄRCHEN

1

Vom Muttersöhnchen zum Mann

DER SOHN DER WITWE

Es war einmal eine arme, arme Witwe, die hatte einen einzigen Sohn, für den quälte sie sich so lange ab, bis der Prediger ihn gefirmt hatte. Da sagte sie, jetzt könne sie ihn nicht länger ernähren, er müsse nun fort und sich sein Brot selbst verdienen. Der Bursch wanderte darauf fort in die Welt, und als er eine gute Strecke Weges zurückgelegt hatte, begegnete ihm ein Mann, der fragte ihn, wo er hin wolle. „Ich will fort in die Welt und zusehen, ob ich nicht einen Dienst bekommen kann", sagte der Bursch. „Willst du bei mir dienen?" – „O ja, ebensogut bei dir, als bei jedem andern", versetzte der Bursch. „Ja, du sollst es gut bei mir haben", sagte der Mann: „Du sollst mir bloß zur Gesellschaft sein, weiter verlange ich von dir nichts." Der Bursch trat nun seinen Dienst bei dem Manne an; er führte ein herrliches Leben, hatte Essen und Trinken vollauf und nur wenig oder gar nichts zu tun; aber er sah sonst auch niemals eine Menschenseele.

Eines Tages sagte der Mann zu ihm: „Ich werde jetzt auf acht Tage verreisen; während der Zeit mußt du hier allein bleiben, aber du darfst ja nicht in eins von diesen vier Zimmern gehen; tust du das, so kostet es dir das Leben, wenn ich zurückkomme." – Nein, sagte der Bursch, er wollt's gewiß nicht tun. Als aber der Mann drei oder vier Tage fort gewesen war, konnte der Bursch sich nicht länger halten, sondern ging in das eine der Zimmer. Er sah sich hier überall um, aber bemerkte nichts, als nur eine Borte über der Tür, und darauf lag eine Dornrute. „Das ist auch was Rechtes, es mir so streng zu verbieten, in dieses Zimmer zu gehen, wenn hier weiter nichts zu sehen ist!" dachte der Bursch. Als die acht Tage um waren, kam der Mann wieder nach Hause. „Du bist doch auch wohl in keines von den Zimmern gegangen", sagte er. „Nein, ganz und gar nicht", sagte der Bursch. „Nun, das werde ich gleich sehen", sagte der Mann, und darauf ging er grad in das Zimmer, in welchem der Bursch gewesen war. „Ja, du bist doch drin gewesen", sagte er, als er zurückkam, „und nun muß ich dich töten." Aber der Bursch weinte und bat so lange, bis er doch zuletzt mit dem Leben davonkam; aber tüchtige Schläge erhielt er. Als er die ausgestanden hatte, waren sie wieder ebenso gute Freunde wie zuvor.

Einige Zeit danach verreiste der Mann abermals; er sagte, daß er jetzt vierzehn Tage ausbleiben würde, und verbot dem Burschen wieder streng, in irgendeins der Zimmer zu gehen, in welchen er noch nicht gewesen sei; aber in das, worin er schon gewesen, könne er immer wieder gehen, wenn er wolle. Es ging nun eben so, wie das vorige Mal, nur daß der Bursch sich jetzt acht Tage hielt, eh' er wieder in eines der verbotenen Zimmer ging. Er sah auch hier nichts als über der Tür eine Borte und darauf einen Feldstein und einen Wasserkrug. „Nun, das ist auch was Rechtes, um davor so bange zu sein!" dachte der Bursch. Als der Mann nach Hause kam, fragte er den Burschen wieder, ob er auch in irgend einem der Zimmer gewesen sei. Nein, sagte der Bursch, er wäre nicht drin gewesen. „Nun, das werde ich gleich sehen", sprach der Mann, und da er nun sah, daß der Bursch dennoch drin gewesen war, sagte er: „Nun kann ich dich nicht länger schonen, jetzt mußt du das Leben verlieren." Aber der Bursch weinte und bat so lange, bis er denn zuletzt wieder mit einer Tracht Schläge davonkam, aber die war denn auch nicht schlecht. Als er sich davon erholt hatte, führte er wieder ein herrliches Leben; und er und der Mann waren wieder ebenso gute Freunde wie zuvor.

Einige Zeit danach wollte der Mann abermals verreisen; er sagte, daß er jetzt drei Wochen abwesend sein würde, und schärfte dem Burschen ein, beileibe nicht in das dritte Zimmer zu gehen; wenn er es dennoch täte, sagte er, könne er sich nur sogleich darauf gefaßt machen, das Leben zu verlieren. Nach vierzehn Tagen konnte der Bursch sich nicht länger halten, sondern ging auch in das dritte Zimmer; er sah aber darin nichts als nur eine Falltür am Fußboden. Als er die aufhob und hinuntersah, erblickte er einen großen kupfernen Kessel, und drinnen pruttelte und kochte es, ohne daß Feuer darunter war. Ich möchte doch wissen, ob's wohl warm ist, dachte der Bursch und steckte den Finger hinein; als er ihn aber wieder herauszog, war er über und über vergoldet; er schabte und wusch ihn, aber die Vergoldung wollte nicht wieder ab; da band er einen Lappen darum. Als darauf der Mann nach Hause kam und ihn fragte, was seinem Finger fehle, sagte der Bursch, er habe sich so arg geschnitten; aber da riß der Mann ihm den Lappen ab und sah nun sogleich, was dem Finger fehlte. Erst wollte er den Burschen durchaus töten; aber da dieser wieder so heftig weinte und so flehentlich bat, klopfte er ihn bloß so, daß er drei Tage lang zu Bette liegen mußte. Darauf nahm er einen Krug von der Wand, worin eine Salbe war, und bestrich damit den Burschen, worauf dieser sogleich wieder frisch und gesund aufstand.

Als einige Zeit vergangen war, wollte der Mann abermals verreisen und wollte nun einen ganzen Monat ausbleiben. Zu dem Burschen aber sagte er, wenn er es sich einfallen ließe, auch in das vierte Zimmer zu gehen, so könne er durchaus nicht hoffen, das Leben zu behalten; dieses Mal würde er ihn gewiß nicht schonen. Der Bursch hielt sich etwa drei ganze Wochen, aber länger konnt' er's nicht aushalten, sondern ging nun auch in das vierte Zimmer. Hierin stand ein großes Pferd mit einem Schmutztrog beim Kopf und einem Heutrog beim Schwanz. Dem Burschen deuchte das ungleich, und daher tauschte er um und setzte den Heutrog beim Kopf hin und den Schmutztrog beim Schwanz. Da sagte das Pferd: „Weil du ein so gutes Herz hast und mir etwas zu essen gönnst, will ich dich erretten; denn kommt der Troll jetzt nach Hause und findet dich hier noch vor, so tötet er dich ganz gewiß. Gehe aber nun in das Zimmer hier gerade gegenüber, und nimm eine von den Rüstungen; aber

103

du darfst ja keine von den blanken nehmen, sondern du sollst die allerrostigste nehmen, die du da siehst, und auf gleiche Weise sollst du auch Schwert und Sattel wählen." Das tat der Bursch; aber es war alles sehr schwer für ihn zu tragen.

Als er mit den Sachen zurückkam, sagte das Pferd, nun solle er sich nackt auskleiden und in das Zimmer gehen, wo der Kessel stände und kochte, und in dem solle er sich gut baden. „Da werde ich wohl schön aussehen!" dachte der Bursch, aber er ging doch hin. Als er sich nun gebadet hatte, war er so schön und groß geworden und so rot und weiß wie Milch und Blut, dazu weit stärker als vorher. „Spürst du eine Veränderung?" fragte ihn das Pferd. „Ja", sagte der Bursch. „Dann versuch einmal, ob du mich aufheben kannst", sagte das Pferd. Ja, das konnte der Bursch, und das Schwert konnte er schwingen, wie gar nichts. Als das Pferd das sah, sprach es: „Lege mir jetzt den Sattel auf und dir selbst die Rüstung an, und dann nimm die Dornrute, den Stein, die Wasserflasche und den Salbenkrug; dann wollen wir fortreisen."

Wie der Bursch das getan hatte und auf das Pferd gestiegen war, ging es – hast du mich nicht gesehen! – auf und davon. Als der Bursch nun ein gutes Stück geritten war, sagte das Pferd: „Mir deucht, ich höre ein Geräusch; sieh dich mal um, ob du etwas gewahr wirst." – „Ich sehe Männer hinter uns", sagte der Bursch, „wohl gegen zwanzig Stück." – „Das ist der Troll", sagte das Pferd, „er kommt mit seinen Leuten."

Das Pferd trabte aber weiter, so lange bis die, welche hinter ihnen waren, ganz nahe kamen. Da sagte das Pferd: „Wirf jetzt die Dornrute hinter dich, so weit du nur kannst!" Das tat der Bursch, und im selben Augenblick wuchs da ein großer dicker Dornwald auf. Nun ritt der Bursch wieder eine weite Strecke fort, während der Troll sich nach Hause begab, um Axt und Beil zu holen, damit er sich durch den Wald hauen könne. Endlich sagte das Pferd wieder: „Sieh dich mal um, ob du etwas gewahr wirst." – „Ja, eine große Menge", sagte der Bursch, „wie eine ganze Kirchengemeinde." – „Ja, das ist wieder der Troll", sagte das Pferd, „nun hat er noch mehr Leute mitgebracht. Wirf aber jetzt den Feldstein hinter dich, so weit du nur kannst."

Als der Bursch das tat, entstand plötzlich ein großer hoher Berg von Feldsteinen hinter ihnen. Nun mußte der Troll wieder nach Hause, um sich Geräte zu holen, womit er sich durch den Berg einen Gang anlege, und während er das tat, ritt der Bursch wieder eine gute Strecke weiter. Zuletzt sagte das Pferd wieder, er solle sich mal umsehen, ob er etwas gewahr würde; und als der Bursch sich nun umsah, bemerkte er ein ganzes Kriegsheer, und alle trugen so blanke Rüstungen und Waffen, daß es nur so glitzerte. „Ja", sagte das Pferd, „es ist wieder der Troll; nun hat er alle seine Leute mitgebracht. Gieß aber jetzt die Flasche mit Wasser hinter dir aus; aber hüt dich wohl, daß du etwas auf meinen Leib spritzt!" Das tat der Bursch; aber wie sehr er sich auch in acht nahm, so spritzte er doch einen Tropfen an den Schenkel des Pferdes. Augenblicklich entstand ein großes wogendes Wasser, und durch den Tropfen, den er auf das Pferd gespritzt hatte, kam dieses weit hinaus in dem Wasser zu stehen; aber es schwamm doch glücklich an Land. Als der Troll nun zu dem Wasser kam, legte er sich mit allen seinen Leuten nieder, um es aufzutrinken, und da tranken sie so lange, bis sie barsten. „Nun sind wir sie los!" sagte das Pferd.

Als sie nun eine lange, lange Zeit gereist waren, kamen sie zu einer grünen Ebene mitten in einem Walde. „Lege jetzt deine Rüstung ab, und zieh wieder deine Lumpen an", sagte das Pferd. „Nimm mir dann den Sattel ab, laß mich frei und hänge alles hier in die große hohle Linde hin. Danach mußt du dir eine Perücke von Tannenmoos machen, und dann geh hinauf zu des Königs Schloß, das hier in der Nähe liegt, und bitte dort um einen Dienst. Wenn du mich dann nötig hast, so komm bloß her und rüttle an dem Gebiß, dann werde ich zu dir kommen."

Ja, der Bursch tat, wie das Pferd ihm gesagt hatte, und als er sich die Moosperücke aufsetzte, war er so bleich und jämmerlich und elend anzusehen, daß keiner ihn mehr erkennen konnte. Er ging nun zu dem Königsschloß, und da bat er zuerst um einen Dienst in der Küche; er wolle dem Koch Wasser und Holz zutragen, sagte er. Aber die Köchin fragte ihn: „Warum hast du die häßliche Perücke auf? Nimm die ab", sagte sie, „ich will sonst nichts von dir wissen, so häßlich du aussiehst." – „Das kann ich nicht", sagte der Bursch, „denn mein Kopf ist nicht so recht rein." – „Denkst du, ich will dich dann hier beim Essen haben, wenn es so mit dir beschaffen ist?" sagte der Koch. „Geh hinunter zum Stallmeister! Du schickst dich besser dazu, den Stall auszumisten." Als aber der Stallmeister ihm sagte, er solle die Perücke abnehmen, bekam dieser dieselbe Antwort, und nun wollte auch der ihn nicht behalten. „Du kannst zum Gärtner gehen", sagte er. „Du schickst dich besser dazu, in der Erde zu wühlen, du." Beim Gärtner durfte er denn endlich bleiben; aber keiner von den andern Bedienten wollte bei ihm schlafen; darum mußte er denn allein schlafen unter der Treppe im Lusthause. Das stand auf Stollen und hatte eine sehr große Treppe; darunter bekam er einiges Moos, und da lag er nun und schlief, so gut er konnte.

Als er nun eine Zeitlang im Königsschloß gewesen war, geschah es eines Morgens, als die Sonne aufging, daß er seine Moosperücke abnahm und da stand und sich wusch, da war er so schön, daß es eine Lust war, ihn anzusehen.

Die Prinzessin sah durch ihr Fenster den wackeren Gärtnerburschen, und es deuchte ihr, einen so schönen Menschen habe sie noch nie gesehen. Sie fragte den Gärtner, warum er dort draußen unter der Treppe liege. „Oh, es will keiner von den anderen Bedienten bei ihm schlafen", sagte der. „Laß ihn heute abend heraufkommen und bei der Tür drinnen in meiner Kammer liegen", sagte die Prinzessin. „So werden sie sich nachher wohl nicht weigern, bei ihm zu schlafen." Der Gärtner sagte das dem Burschen. „Meinst du aber, ich werde das tun?" sagte der. „Man möchte nachher sagen, es wäre etwas zwischen mir und der Prinzessin." – „Ja, du hast auch wohl Ursache, dich vor solchem Verdacht zu fürchten", sagte der Gärtner. „So wacker wie du bist." – „Nun, wenn Ihr's denn so wollt, dann will ich es wohl tun", sagte der Bursch. Als er nun am

Abend die Treppe hinauf sollte, schlurfte er so mit seinen Schuhen, daß sie ihn bitten mußten, leise zu gehen, damit der König ihn nicht hörte. Als er in die Kammer der Prinzessin gekommen war, legte er sich sogleich bei der Tür nieder und fing an zu schnarchen. Da sagte die Prinzessin zu ihrem Kammermädchen: „Schleich dich zu ihm und nimm ihm die Moosperücke ab." Aber als sie sie ihm abnehmen wollte, erwachte der Bursch, hielt mit beiden Händen die Perücke fest und sagte, die könne sie nicht bekommen. Darauf legte er sich wieder hin und schnarchte. Die Prinzessin gab dem Mädchen wieder einen Wink, und diesmal gelang es ihr, ihm die Perücke abzunehmen. Da lag nun der Bursch so schön und so rot und weiß, wie die Prinzessin ihn in der Morgensonne gesehen hatte. Nachher schlief der Bursch jede Nacht in der Prinzessin ihrer Kammer.

Es dauerte aber nicht lange, so erfuhr der König, daß der Bursch jede Nacht in der Prinzessin ihrer Kammer schlief, und darüber ward er so erbittert, daß er ihn beinahe ums Leben gebracht hätte. Er warf ihn in einen finsteren Turm, und seine Tochter sperrte er auf ihr Zimmer ein, und sie durfte nicht heraus, weder Tag noch Nacht. Soviel sie auch weinte und für sich und den Burschen bitten mochte, es half alles nichts, der König ward darüber nur noch mehr erbittert.

Einige Zeit danach entstand Krieg und Unfriede im Lande, und der König mußte sich gegen einen andern König rüsten, der ihm sein Land wegnehmen wollte. Als der Bursch das hörte, bat er den Kerkermeister, zum König zu gehen und ihm die Erlaubnis auszuwirken, Harnisch und Schwert tragen zu dürfen und mit in den Krieg zu ziehen. Alle lachten laut auf, als der Kerkermeister seinen Auftrag anbrachte und den König um einiges altes Gerümpel zu einer Rüstung für den Burschen bat, damit sie doch die Lust haben könnten zu sehen, wie der arme Wicht in den Krieg zöge. Na, das bekam er denn auch und dazu eine alte Kracke[1], die hinkte auf drei Beinen.

---

[1] altes Pferd

Sie zogen nun gegen den Feind aus; aber sie waren noch nicht weit von dem Königshof gekommen, als der Bursch mit seiner Kracke in einem Moor stecken blieb und hupfte und jupfte: „Hei, willst du auf! Hei, willst du auf!" Daran hatten die andern recht ihre Lust und lachten und hielten den Burschen zum besten, als sie an ihm vorbeiritten. Aber kaum waren sie vorüber, so lief der Bursch zu der Linde, legte seine Rüstung an und rüttelte an dem Gebiß, und sogleich kam das Pferd an und sagte: „Tue du nun dein Bestes, dann werde ich das meinige tun." Als der Bursch sie einholte, hatte die Schlacht schon begonnen, und der König war in einer schlimmen Klemme. Aber ehe man sich's versah, hatte der Bursch den Feind in die Flucht geschlagen. Der König und seine Leute wunderten sich und konnten nicht begreifen, wer es nur sein mochte, der ihnen so gute Hilfe geleistet; denn keiner war ihm so nahe gekommen, um mit ihm sprechen zu können, und als die Schlacht vorüber war, da war er verschwunden. – Wie sie nun zurückzogen, saß der Bursch noch in dem Moor und hupfte und jupfte auf seiner dreibeinigen Kracke. Da lachten alle wieder. „Nein, seh nur einer! Da sitzt der Narr noch und hupft und jupft!" sagten sie.

Als sie am andern Tage auszogen, saß der Bursch noch da. Sie lachten ihn wieder aus und machten sich über ihn lustig. Aber kaum waren sie vorüber, so lief der Bursch wieder zu der Linde, und alles ging wieder gerade so, wie den vorigen Tag. Alle wunderten sich und konnten nicht begreifen, was es für ein fremder Held sei, der ihnen Hilfe geleistet; denn keiner war ihm wieder so nahe gekommen, um mit ihm sprechen zu können. Daß aber niemand auf den Burschen kam, versteht sich von selbst.

Als sie am Abend nach Hause zogen und sahen, daß der Bursch noch immer auf der Kracke saß, lachten sie ihn wieder aus, und einer von ihnen schoß einen Pfeil auf ihn ab und traf ihn ins Bein. Da fing der Bursch gottjämmerlich an zu schreien und zu lamentieren; aber der König warf ihm sein Taschentuch zu, und das band er sich um das Bein.

Als sie am dritten Morgen auszogen, saß der Bursch wieder im Moor. „Hei, willst du auf! Hei, willst du auf!" rief er zu der Kracke. „Nein, wahrhaftig, er wird da sitzen müssen, bis er tothungert!" sagten die andern, als sie vorüberzogen, und machten sich wieder über ihn lustig. – Der Bursch lief aber wieder zu der Linde und kam eben in der Schlacht an, als Not am Mann war. An diesem Tage tötete er den feindlichen König, und damit war der Krieg auf einmal vorbei.

Nun aber erkannte der König den fremden Ritter sogleich an dem Taschentuch, das dieser sich um das Bein gebunden hatte; die vornehmsten Kavaliere nahmen ihn darauf in ihre Mitte und ritten mit ihm nach dem Königsschloß, und als die Prinzessin ihn von ihrem Fenster aus sah, ward sie so froh, daß es gar nicht zu sagen ist. „Da kommt mein Bräutigam auch", sagte sie. Er aber nahm den Salbenkrug und strich sich von der Salbe aufs Bein und bestrich auch alle Verwundeten damit, und da wurden sie augenblicklich alle wieder frisch und gesund. Hierauf bekam er die Prinzessin zur Gemahlin. Aber als er am Hochzeitstage in den Stall zu dem Pferd kam, stand dieses ganz betrübt da und wollte gar nicht fressen. Der junge König – denn er war jetzt König geworden und hatte das halbe Reich bekommen – fragte, was ihm fehle. Da sagte das Pferd: „Jetzt hab' ich dir durchgeholfen; aber nun will ich nicht länger leben. Nimm jetzt dein Schwert und haue mir den Kopf ab!" – „Nein, das tu' ich nicht!" sagte der junge König: „Du sollst das beste Futter haben, das du dir wünschen magst, und sollst von nun an beständig in Ruhe leben." – „Wenn du nicht tun willst, was ich dir sage", versetzte das Pferd, „dann muß ich dich ums Leben bringen." Da konnte der König nicht anders, sondern mußte tun, wie das Pferd wollte. Als er aber das Schwert aufhob, um zuzuhauen, da war er so betrübt, daß er das Gesicht wegkehren mußte, um den Hieb nicht zu sehen. Kaum aber hatte er ihm den Kopf abgeschlagen, so stand ein schöner Prinz da, wo vorher das Pferd gestanden hatte. „Wo in aller Welt kommst du her?" fragte der König. „Ich war das Pferd", antwortete der Prinz, „Ehedem war ich König in dem

Lande, wo nachher der König regierte, den du gestern in der Schlacht getötet hast; er war es, der mich verzaubert und mich an den Troll verkauft hatte. Weil er aber nun tot ist, bekomm' ich mein Reich zurück, und du und ich werden Nachbarkönige; aber wir wollen nie miteinander Krieg führen." Und das taten sie denn auch nicht; sie blieben Freunde, solange sie lebten, und kamen oft, einander zu besuchen.

Quelle:

Christian Asbjornson / Jorgen Moe, Norwegische Märchen, Berlin 1846.

Der Held dieses norwegischen Märchens ist der einzige Sohn seiner Mutter. Da er ohne Vater und in einer Einzelkindatmosphäre aufgewachsen ist, dürfen wir vermuten, daß dem Jungen das väterliche, männliche Element gefehlt hat. Die Mutter jedenfalls war dem Sohn intensiv zugetan: Sie „quälte" sich für ihn, bis sie genug Geld für seine Firmung zusammen hatte. Anschließend spürte sie die Notwendigkeit, den Sohn in die Fremde zu schicken. Sie konnte ihm nichts mehr geben, was ihn in seiner Entwicklung weitergebracht hätte (sie kann ihn nicht „mehr länger ernähren"). Obwohl die Mutter ihr Kind liebt, klammert sie sich nicht an es, und entläßt es in die Erwachsenenwelt.

Da der Junge auf den Vater bisher verzichten mußte, erstaunt es uns nicht, daß er zunächst in die Dienste eines „Mannes" tritt. Ähnlich wie im Grimmschen Märchen „Der Eisenhans" soll der Held bei einem „wilden Mann" männliche Eigenschaften einüben. Da das väterliche, männliche Prinzip im Erleben des Jungen abgespalten war, begegnet es ihm zunächst in verwunschener („böser") Form. Im weiteren Verlauf der Geschichte erfahren wir, daß der Mann ein Troll (böser Geist) ist.

Wichtige Lebenserfahrungen werden im Märchen häufig erst durch das Brechen von Tabus ermöglicht. Oft führt kein Weg daran vorbei, das Verbotene tun zu müssen. Die Dinge, die der Junge in den vier geheimnisvollen Zimmern findet, können ihn auf seinem Weg zum Mannsein voranbringen. Besonders wichtig sind für den Jungen die Erfahrungen im dritten und im vierten Zimmer.

Im dritten Zimmer stößt der Junge auf eine Falltür. Wenn in einem sowieso schon verbotenen Raum noch zusätzlich eine Falltür eingebaut ist, dann weist das auf ein doppeltes Sicherheitsbedürfnis hin: etwas schlummert hier noch im Unbewußten. Unter der Falltür befindet sich in der Tat etwas Kostbares: ein Kupferkessel, der die Fähigkeit besitzt, Finger zu vergolden. Finger und Hände verweisen auf das „Handeln" im Menschen.

Obwohl der Junge versucht, das Gold wieder von den Fingern zu entfernen, sind seine Versuche zwecklos. In der Vergoldung scheint symbolisch der Erfolg der Lehrzeit bei dem Troll unter Beweis gestellt zu sein. Gleichzeitig jedoch muß er auch Angst davor haben, daß der Troll seine Fortschritte entdeckt. In gewisser Weise zeigt das Märchen damit auch die Angst des Menschen vor den ersten Erfolgen. Zum Gold sei noch angemerkt, daß es meist auf die höchsten Werte verweist – es sei denn, der Kontext widerspricht dem eindeutig, wie z. B. in „Östlich von der Sonne und westlich vom Mond". In der Astrologie ist das Gold das Metall der Sonne, die gleichzeitig Augen, Licht und das geistig-seelische Prinzip verkörpert (vgl. „Einäuglein, Zweiäuglein und Dreiäuglein").

Im vierten Zimmer schließlich begegnet dem Jungen ein Pferd, das den Heutrog am Schwanz und den Kottrog beim Kopf hat. Auf humorvolle Weise wird dadurch ausgedrückt, daß trotz der gemachten Fortschritte noch Energieblockaden bei dem Jungen vorhanden sind. Pferde sind ein uraltes Bild für die Triebhaftigkeit. Umgangssprachlich sagen wir zu jemanden, der übermäßig aggressiv ist, er solle sich „zügeln". Bei dem Jungen müssen die Dinge (Tröge) erst noch zurechtgerückt werden, damit überhaupt etwas vorhanden ist, das er „zügeln" kann. Da er sich nun um sein (inneres) Pferd kümmert und auch genügen Mut (!) beweist, dem Troll die Stirn zu bieten, kann die eigentliche Selbstbefreiung in Angriff genommen werden. Das Pferd wird zum Kampfpferd aufgewertet. Dazu muß ein Schwert und „die allerrostigste Rüstung" herbeigeschleppt werden.

Der Leser wird sich vermutlich fragen, warum der Rost an dieser Stelle so betont wird. Um dies zu erklären, müssen wir wieder einen kleinen Ausflug in die astrologische Symbolik machen, die oft bei der Interpretation eines Märchens wichtige Hinweise geben kann.[1] Der Kriegsgott Mars steht u. a. für Ag-

---

[1] *Thomas Schäfer*, Es war einmal ein Stern – Der Tierkreis im Märchen, Münsingen-Bern 1991.

gression, Männlichkeit, Kampf, Mut, die Farbe Rot, Zähne, Schwerter und Eisen. Je rostiger nun das Eisen ist, desto archaischer und urwüchsiger sind die Triebe, die dadurch versinnbildlicht werden. Der Junge soll sich zunächst auf eine „primitive" Weise mit diesen Urtrieben auseinandersetzen.

Die Badezeremonie deutet auf eine charakterliche Reinigung. Anschließend fühlt sich der Junge viel stärker; außerdem wird er am Körper rot und weiß. Wie schon erwähnt, ist Rot die Farbe des Planeten Mars. In der Psychologie steht sie zu Recht für Aktivität und Leidenschaftlichkeit. Das Weiß dagegen deutet hin auf die durch das Bad hervorgerufene Reinheit bzw. seine innere Unschuld.

Bei der Flucht vor dem Troll kommen später auch noch die Gegenstände aus den ersten beiden Zimmern zur Anwendung. Sie werden zum Kampf und zur Distanzierung des Trolls eingesetzt. Das bisher verdrängte männliche Prinzip (Troll) wird jetzt von dem helfenden Pferd ersetzt, das auch die Anweisungen zum richtigen Gebrauch der Gegenstände gibt. Pferd und Troll sind aber letztlich zwei Seiten *desselben* Typus.

Zwischen dem Pferd- und dem Trollanteil des Jungen muß jetzt zu seinem eigenen Schutz eine Distanz aufgebaut werden: Die auf den Troll geworfene Wasserflasche verwandelt sich in einen See. Auch die Dornrute und der Feldstein erfüllen diese Aufgabe.

Nach der Trennung von seinem Gefährten steht das Pferd dem Jungen weiterhin zur Verfügung. Bezeichnenderweise wird der Kontakt wieder durch ein Marssymbol hergestellt, durch ein Gebiß. [2] Die Perücke aus Tannenmoos verweist auf das uns schon in anderen Märchen begegnete „Erden" der Energien. Außerdem dient das Moos dem Jungen als Schutz, um seine noch verletzliche Autonomie nicht gleich wieder verteidigen zu müssen. Dazu ist es für ihn erforderlich, daß er zunächst sein Licht unter den Scheffel stellt. Er arbeitet u. a. als

---

[2] Der Zusammenhang von Mars – Ares, Zähne und Aggression zeigt sich auf amüsante Weise in dem griechischen Mythos vom Helden Kadmos.

Stallknecht und als Gärtnerjunge. Außerdem ist er von den anderen Bediensteten isoliert, keiner will mit ihm zusammen in einem Raum schlafen. Diese harten äußeren Bedingungen fördern die psychische Entwicklung des Jungen. Die äußere und die innere Entwicklung sind also gegenläufig. Während er noch „unter der Treppe des Lusthauses" schlafen muß und von allen gemieden wird, entpuppt er sich als außerordentlich „schöner Mensch". Letzteres konnte der Prinzessin natürlich nicht verborgen bleiben.

Obwohl der Junge nun in der Kammer der Prinzessin schlafen darf, so ist er doch innerlich noch nicht reif genug für eine Beziehung zu ihr: Er will sich seine äußere Tarnung (Moosperücke) nicht abnehmen lassen. Außerdem beginnt er sofort in ihrem Zimmer zu schnarchen ... Daß die Zeit für eine Partnerschaft noch nicht gekommen ist, wird spätestens klar, als beide vom König eingesperrt werden.

Eine weitere Analogie des Mars, der Krieg, befreit den Jungen wieder aus seinem Gefängnis. Mit Hilfe des Pferdes kann er nun endlich allen seine gereifte Männlichkeit unter Beweis stellen: „Er tötete den feindlichen König, und damit war der Krieg vorbei." Eindrucksvoll stellt er anschließend mit seinen Heilerfähigkeiten unter Beweis, daß er sein wahres Selbst gefunden hat. Die Wundersalbe jedoch stammt noch von dem bösen Troll. Wie wir schon in dem Märchen vom Rotkäppchen festgestellt haben, kann das scheinbar Negative, richtig dosiert, als Medizin eingesetzt werden. Der junge Mann besitzt nun die Fähigkeit, sowohl sich selbst als auch andere zu heilen. Die Prinzessin kann ihm jetzt niemand mehr verwehren.

Eine besondere Bewandtnis hat es mit dem Taschentuch des Königs, das die wahre Natur des Jungen ans Licht bringt. Ähnlich wie Samen und Speichel ist das Nasensekret Ausdruck der Libido. Solche Sekrete werden in magischen Ritualen benutzt; in ihnen drückt sich konzentrierte („heilige") Energie aus. Wenn das Taschentuch des Königs auf den Jungen übergeht, so erhält dieser damit symbolisch königliche Machtfülle.

Es überrascht nicht, daß am Ende des Märchens die Entwicklung des Jungen auch dem Pferd (Triebkräfte) zum Königstitel verhilft. Das Pferd entpuppt sich als verwunschener König. *Latent* war die Fähigkeit zum Königtum demnach immer vorhanden. Nachdem schon zu einem früheren Zeitpunkt der Troll an der seelischen Kraft des Helden „zerborsten" war – er trank zuviel *Wasser!* – ist nun der Held endgültig mit sich ins reine gekommen.

Zusammenfassend läßt sich feststellen, daß dieses norwegische Märchen in bildlicher Form den idealtypischen Weg des männlichen Jugendlichen bzw. Pubertierenden zum Mann darstellt.

2

Nöte einer Männergemeinschaft

DIE DREI FEDERN

Es war einmal ein König, der hatte drei Söhne, davon waren zwei klug und gescheit, aber der dritte sprach nicht viel, war einfältig und hieß nur der „Dummling". Als der König alt und schwach ward und an sein Ende dachte, wußte er nicht, welcher von seinen Söhnen nach ihm das Reich erben sollte. Da sprach er zu ihnen: „Ziehet aus, und wer mit den feinsten Teppich bringt, der soll nach meinem Tod König sein." Und damit es keinen Streit unter ihnen gab, führte er sie vor sein Schloß, blies drei Federn in die Luft und sprach: „Wie die fliegen, so sollt ihr ziehen." Die eine Feder flog nach Osten, die andere nach Westen, die dritte flog aber geradeaus und flog nicht weit, sondern fiel bald zur Erde. Nun ging der eine Bruder rechts, der andere ging links, und sie lachten den Dummling aus, der bei der dritten Feder, da, wo sie niedergefallen war, bleiben mußte.

Der Dummling setzte sich nieder und war traurig. Da bemerkte er auf einmal, daß neben der Feder eine Falltüre lag. Er hob sie in die Höhe, fand eine Treppe und stieg hinab. Da kam er vor eine andere Türe, klopfte an und hörte, wie es inwendig rief:

> „Jungfer grün und klein,
> Hutzelbein,
> Hutzelbeins Hündchen,
> Hutzel hin und her,
> Laß geschwind sehen, wer draußen wär."

Die Türe tat sich auf, und er sah eine große, dicke Itsche

(Kröte) sitzen und rings um sie eine Menge kleiner Itschen. Die dicke Itsche fragte, was sein Begehren wäre. Er antwortete: „Ich hätte gerne den schönsten und feinsten Teppich." Da rief sie eine junge und sprach:

> „Jungfer grün und klein,
> Hutzelbein,
> Hutzelbeins Hündchen,
> Hutzel hin und her,
> Bring mir die große Schachtel her."

Die junge Itsche holte die Schachtel, und die dicke Itsche machte sie auf und gab dem Dummling einen Teppich daraus, so schön und so fein, wie oben auf der Erde keiner konnte gewebt werden. Da dankte er ihr und stieg wieder hinauf.

Die beiden andern hatten aber ihren jüngsten Bruder für so albern gehalten, daß sie glaubten, er würde gar nichts finden und aufbringen. „Was sollen wir uns mit Suchen groß Mühe geben", sprachen sie, nahmen dem ersten besten Schäfersweib, das ihnen begegnete, die groben Tücher vom Leib und trugen sie dem König heim. Zu derselben Zeit kam auch der Dummling zurück und brachte seinen schönen Teppich, und als der König den sah, erstaunte er und sprach: „Wenn es dem Recht nach gehen soll, so gehört dem jüngsten das Königreich." Aber die zwei andern ließen dem Vater keine Ruhe und sprachen, unmöglich könnte der Dummling, dem es in allen Dingen an Verstand fehlte, König werden, und baten ihn, er möchte eine neue Bedingung machen. Da sagte der Vater: „Der soll das Reich erben, der mir den schönsten Ring bringt", führte die drei Brüder hinaus und blies drei Federn in die Luft, denen sie nachgehen sollten. Die zwei ältesten zogen wieder nach Osten und Westen, und für den Dummling flog die Feder geradeaus und fiel neben der Erdtüre nieder. Da stieg er wieder hinab zu der dicken Itsche und sagte ihr, daß er den schönsten Ring brauchte. Sie ließ sich gleich ihre große Schachtel holen und gab ihm daraus einen Ring, der glänzte von Edelsteinen und war so schön, daß ihn kein Goldschmied auf der Erde hätte machen können. Die zwei ältesten lachten über den Dummling, der einen goldenen Ring suchen wollte, gaben sich gar keine Mühe, sondern schlugen einem alten Wagenring die Nägel aus und brachten ihn dem König. Als aber der Dummling seinen goldenen Ring vorzeigte, so sprach der Vater abermals: „Ihm gehört das Reich." Die zwei ältesten ließen nicht ab, den König zu quälen, bis er noch eine dritte Bedingung machte und den Ausspruch tat, der sollte das Reich haben, der die schönste Frau heimbrächte. Die drei Federn blies er nochmals in die Luft, und sie flogen wie die vorigen Male.

Da ging der Dummling ohne weiteres hinab zu der dicken Itsche und sprach: „Ich soll die schönste Frau heimbringen." – „Ei", antwortete die Itsche, „die schönste Frau! Die ist nicht gleich zur Hand, aber du sollst sie doch haben." Sie gab ihm eine ausgehöhlte gelbe Rübe, mit sechs Mäuschen bespannt. Da sprach der Dummling ganz traurig: „Was soll ich damit anfangen?" Die Itsche antwortete: „Setze nur eine von meinen kleinen Itschen hinein." Da griff er aufs Geratewohl eine aus dem Kreis und setzte sie in die gelbe Kutsche, aber kaum saß sie darin, so ward sie zu einem wunderschönen Fräulein, die Rübe zur Kutsche und die sechs Mäuschen zu Pferden. Da küßte er sie, jagte mit den Pferden davon und brachte sie zu dem König. Seine Brüder kamen auch, die hatten sich gar keine Mühe gegeben, eine schöne Frau zu suchen, sondern die ersten besten Bauernweiber mitgenommen. Als der König sie erblickte, sprach er: „Dem jüngsten gehört das Reich nach meinem Tod." Aber die zwei ältesten betäubten die Ohren des Königs aufs neue mit ihrem Geschrei: „Wir können's nicht zugeben, daß der Dummling König wird", und verlangten, der sollte den Vorzug haben, dessen Frau durch einen Ring springen könnte, der da mitten in dem Saal hing. Sie dachten: „Die Bauernweiber können das wohl, die sind stark genug, aber das zarte Fräulein springt sich tot." Der alte König gab das auch noch zu. Da sprangen die zwei Bauernweiber, sprangen auch durch den Ring, waren aber so plump, daß sie fielen und ihre groben Arme und Beine entzweibrachen. Darauf sprang das schöne Fräulein, das der Dummling mitgebracht hatte, und sprang so leicht hindurch wie ein Reh, und aller Widerspruch mußte aufhören. Also erhielt er die Krone und hat lange in Weisheit geherrscht.

Quelle:

Die Märchen der Brüder Grimm, München 1989. Der Text folgt der Ausgabe von 1857.

In „Die drei Federn" ist die Aufgabe des Helden fast entgegengesetzt zu der des vorigen Märchens. Ging es dort um die Entwicklung männlicher Verhaltensweisen, weil der Sohn ohne Vater aufgewachsen war, so fällt hier sofort die völlige Abwesenheit des Weiblichen auf. Ein Vater und drei Söhne bilden eine unfruchtbare Männergesellschaft. Dieses System ist im Niedergang begriffen: Der König wird „alt und schwach" und denkt „an sein Ende". Er hat aber die Pflicht, Wege zu finden, die Welt des Weiblichen für einen Neuaufbau miteinzubeziehen. Gerade deswegen bekommt am Ende derjenige das Königreich, der die schönste Frau vorweisen kann.

Interessant ist ein Vergleich des Märchens von den drei Federn mit dem „Rotkäppchen". Dort fanden wir ebenfalls eine gleichgeschlechtliche Gemeinschaft vor – allerdings von Frauen. Das verdrängte Männliche drang in diesem Märchen in Gestalt des bösen Wolfes und des Jägers in das Leben der Frauen ein. In „Die drei Federn" ist es ein Tier des Urweiblichen, eine Kröte, die für einen dauerhaften Wandel in der Männergesellschaft sorgt; die bisher geltenden Lebensvorstellungen werden grundlegend verändert. Die Umwertung der Werte kommt vor allem in dem Sieg eines „Dummlings" zum Ausdruck. Nur ein „Dummer" kann das Problem auf die naheliegendste Weise anpacken.

In Gang gesetzt wird die Suche nach einer Lösung durch den Wurf der Federn. Gemäß dem Prinzip „pars pro toto" (der Teil repräsentiert das Ganze) steht die Feder für den Vogel. [1] In vielen Kulturen glaubte man, die Seele verlasse den Körper nach dem Tod als Vogel, so z. B. bei den Ägyptern. Außerdem haben die Vögel einen Bezug zum Schicksalsgesetz. Aus dem Flug von Vogelschwärmen wurde früher, etwa bei den Römern, die Zukunft vorhergesagt. Im Mittelalter schließlich war es Sitte, daß

---

[1] *Marie-Louise v. Franz*, Psychologische Märcheninterpretation, München 1986, S. 59.

ein orientierungsloser Wanderer eine Feder in die Luft blies und diejenige Richtung einschlug, die sie anzeigte. Große Orientierungslosigkeit herrscht nun tatsächlich am Königshof in unserem Märchen.

Im Gegensatz zu den Federn der Brüder fliegt Dummlings Feder nicht davon, sondern fällt sogleich zur Erde. Seine Zukunft liegt darin, sich mit dem Naheliegenden zu beschäftigen, das bisher im Verborgenen lag – dem „Reich der Mütter", das man nur durch eine Falltüre erreichen kann. Es bedarf einer gesunden Naivität, Bescheidenheit und eines natürlichen Instinkts, damit man diesen naheliegenden Zugang zur Anima findet – Intelligenz bedarf es dazu nicht! Nicht umsonst ist der Held des Märchens ein Dummling. Im Gegensatz zu den scheinbar geistig überlegenen Brüdern ist er bereit, sich mit der magischen Welt der Mütter auseinanderzusetzen.

Es ist erstaunlich, wie oft in westlichen Kulturen der Typ des Dummlings im Märchen anzutreffen ist. Marie-Louise von Franz schreibt dazu: „Es ist typisch, daß Dummling-Geschichten bei den Weißen statistisch häufiger sind als in anderen Gesellschaften, und der Grund hierfür ist offensichtlich. Wir sind die Menschen, die durch eine Überentwicklung des Bewußtseins die Flexibilität, das Leben so zu nehmen, wie es ist, verloren haben. Deshalb sind Dummling-Geschichten für uns besonders wertvoll. Wir haben auch eine überwältigende Anzahl von Geschichten, in denen sich der Held einfach durch reine Faulheit hervortut; er sitzt auf einem Ofen und kratzt sich, und dann fällt ihm alles in den Schoß. Diese Geschichten kompensieren auch die kollektive Einstellung, und wenn diese zu sehr die Tüchtigkeit betont, werden solche Geschichten mit faulen Helden immer wieder voller Freude erzählt – und mit einer heilenden Bedeutung darin."[2] In dem Hinweis auf die Notwendigkeit „unmännlicher Verhaltensweisen" wie Selbstversenkung, Rezeptivität und Passivität können wir eine der wichtigen Botschaften dieses Märchens erkennen.

---

[2] *Marie-Louise v. Franz*, a. a. O., S. 57.

Im Gegensatz zu den Brüdern weiß Dummling die Welt des Weiblichen (Kröte) zu schätzen. Die Kröte ist ein sehr altes Symbol für das Mütterliche und das Gebärende. In ihr können wir eine Art „Erdmutter" erblicken. Dieses Tier steht auch in Verbindung zu Fruchtbarkeits- und Hexenriten. Selbst in unserer Kultur läßt sich dies nachweisen. Kröten wurden früher bei Frauenleiden geopfert, und in bayerischen Wallfahrtsorten findet man wächserne Gebärmuttervotive in Krötenform direkt neben Statuen der Mutter Gottes.[3] Die Kröte ist demnach auch ein Synonym für den Uterus.

In Mythen und Märchen verkörpern Kröten sowohl positive wie auch negative Aspekte des Weiblichen. Sie besitzen eine giftige Flüssigkeit, die sie bei Berührung absondern und durch die kleinere Tiere getötet werden können. Dem Menschen jedoch verursacht dieses Sekret nur leichte Entzündungen der Haut. Im Mittelalter brauten Hexen und Magier aus Kröten, Fröschen und anderen heute eher unappetitlich wirkenden Zutaten Zaubertränke.

In unserem Märchen ist allerdings nur von den fruchtbaren und aufbauenden Seiten der Kröte als Erdmutter die Rede. Sie erfüllt alle Wünsche des Dummlings. Als erstes gibt sie ihm einen wunderschönen Teppich. Teppiche haben einen bildhaften Bezug zum Schicksal, was sich in Formulierungen wie „Schicksalsfäden knüpfen" oder „Das Weben des Lebensfadens" ausdrückt. Spinnrad und Webstuhl sind oft benutzte Symbole des Lebensgesetzes.

In der griechischen Mythologie waren die Schicksalsgöttinnen (Moiren) Spinnerinnen. Da das Spinnen und Knüpfen immer eine Frauentätigkeit war, sind die Schicksalsgötter vorzugsweise weiblich, z. B. die Parzen bei den Römern oder die Nornen bei den Germanen. Im Märchen begegnen sie uns als weise Frauen, die bei der Geburt eines Kindes dessen Zukunft voraussagen. Das bekannteste Märchen dieser Art ist „Dornröschen".

---

[3] *Manfred Lurker*, Wörterbuch der Symbolik, Stuttgart 1988, S. 398.

Der Dummling erhält mit dem schönsten Teppich sinnbildlich auch die besten Zukunftsaussichten, weil er bereit ist, die Verbindung zum Weiblichen aufzunehmen. Wenn man den Teppich außerdem als komplexes und kreatives Lebensmuster deutet, dann ist nachvollziehbar, warum im Schloß Teppiche Mangelware sind. Zukunftweisende Lebensentwürfe werden dort dringend benötigt.

Einfacher zu deuten ist dagegen der Ring, der zur zweiten Aufgabe gehört, die die Brüder vom Vater gestellt bekommen. Der *goldene* Ring des Dummlings stellt das vollkommene Selbst des Menschen dar. In seiner Kreisform verweist der Ring auf Einheitlichkeit und Ganzheit. Dieses Ziel ist nur dann zu erreichen, wenn man(n) sich nicht zu fein ist, durch „Erdtüren" zur Welt der Kröten hinabzusteigen. Auch Ehe- und Verlobungsringe symbolisieren das harmonische Zusammenkommen der Geschlechter.

In der dritten Aufgabe schließlich wird ganz direkt das Weibliche thematisiert. Der König beginnt zu erkennen, daß es ohne Frauen keine Zukunft geben kann.

Die schöne Frau verdankt der Dummling ebenfalls der Krötenwelt. Die Urmutter, die große, dicke Kröte, fordert den Dummling auf, sich eine der kleinen Itschen auszusuchen. Für das Märchen ist demnach jede Frau ein Teil des Urweiblichen. Im Gegensatz zu den derben Bauernweibern ist die verwandelte Itsche auch erotisch anziehend. Gerade dieses schöpferische Element scheint für eine authentische Vertreterin der Erdmutter wichtig zu sein.

Die Verwandlung der kleinen Itsche beginnt mit der Bereitstellung einer Rübe und sechs Mäusen, die beide auf die Sexualität verweisen. Die in ihr Loch schlüpfende Maus wird von manchen Psychoanalytikern als phallisches Symbol gedeutet. Auch wenn manchen eine solche Analogie zu weit hergeholt erscheinen mag, so dürfte doch der Ausdruck „süße Maus" für ein hübsches Mädchen bekannt sein. Des weiteren ist die Maus traditionell ein Tier des Teufels, das wegen seiner Gefräßigkeit in großen Scharen früher zur Landplage werden konnte. In Goethes „Faust" wird der Teufel als „Herr der Ratten und der Mäuse" bezeichnet.[4] Die Verbindung von Teuflischem und Sexuellem liegt für unsere Kultur auf der Hand.

Auch Möhren werden oft als ein Bild für den Phallus betrachtet. Auf jeden Fall jedoch ist die Karotte ein allgemeines Fruchtbarkeitssymbol.

Die allerletzte Aufgabe im Märchen ist der Sprung der Frauen durch den Ring. Graphisch entspricht das einem Kreis, in dessen Mitte man einen Punkt setzt. Dieses Mandala[5] benutzt auch die Astrologie! Es stellt die Sonne dar und spiegelt den Menschen als ganzheitliches Wesen in seiner Beziehung zum Kosmischen.

Endlich ist der Held an seinem Ziel angekommen: Er findet sowohl die innere Frau (Anima) als auch die Frau im äußeren Leben (verwandelte Itsche). Wer als Mann den Mut aufbringt, durch Falltüren hindurch seine Anima aus dem Reich der Mütter ans Tageslicht zu bringen, d. h. sie ins bewußte Leben zu integrieren und weibliche Perspektiven für sich nicht von vornherein auszuschließen, für den kann sie sich aus der verwunschenen Form (Itsche) in eine reale Partnerin verwandeln.

Anscheinend war der Dummling also gar nicht so dumm, wie es das Märchen im ersten Satz behauptet hatte. „ ... der dritte sprach nicht viel, war einfältig und hieß nur der ‚Dummling‘." Der letzte Satz des Textes dagegen lautet: „Also erhielt er die Krone und hat lange in Weisheit geherrscht." Der Verlauf der Handlung zeigt klar und deutlich, auf welche Weise man(n) die Weisheit erlangen kann.

---

[4] *Marie-Louise v. Franz*, a. a. O., S. 79.
[5] Zum Mandala aus der Sicht der Analytischen Psychologie siehe *Marie-Louise v. Franz*, „Der Individuationsprozeß" und *Aniela Jaffé*, „Bildende Kunst als Symbol". Beide Texte finden sich in C. G. Jung (u. a.), Der Mensch und seine Symbole, Olten 1988.

3

Die Angst vor der Anima

DER KÖNIGSSOHN, DER SICH VOR NICHTS FÜRCHTET

Es war einmal ein Königssohn, dem gefiel's nicht mehr daheim in seines Vaters Haus, und weil er vor nichts Furcht hatte, so dachte er: Ich will in die weite Welt gehen, da wird mir Zeit und Weile nicht lang, und ich werde wunderliche Dinge genug sehen. Also nahm er von seinen Eltern Abschied und ging fort, immer zu, von Morgen bis Abend, und es war ihm einerlei, wo hinaus ihn der Weg führte. Es trug sich zu, daß er vor eines Riesen Haus kam, und weil er müde war, setzte er sich vor die Tür und ruhte. Und als er seine Augen so hin und her gehen ließ, sah er auf dem Hof des Riesen Spielwerk liegen – das waren ein paar mächtige Kugeln und Kegel so groß als ein Mensch. Über ein Weilchen bekam er Lust, stellte die Kegel auf und schob mit den Kugeln danach, schrie und rief, wenn die Kegel fielen, und war guter Dinge. Der Riese hörte den Lärm, streckte seinen Kopf zum Fenster hinaus und erblickte einen Menschen, der nicht größer war als andere und doch mit seinen Kegeln spielte. „Würmchen", rief er, „was kegelst du mit meinen Kegeln? Wer hat dir die Stärke dazu gegeben?" Der Königssohn schaute auf, sah den Riesen an und sprach: „Oh, du Klotz, du meinst wohl, du hättest allein starke Arme? Ich kann alles, wozu ich Lust habe." Der Riese kam herab, sah dem Kegeln ganz verwundert zu und sprach: „Menschenkind, wenn du der Art bist, so geh und hol mir einen Apfel vom Baum des Lebens." – „Was willst du damit?" sprach der Königssohn. „Ich will den Apfel nicht für mich", antwortete der Riese, „aber ich habe eine Braut, die verlangt danach; ich bin weit in der Welt umhergegangen und kann den Baum nicht finden." – „Ich will ihn schon finden", sagte der Königssohn, „und ich weiß nicht, was mich abhalten soll, den Apfel herunterzuholen." Der Riese sprach: „Du meinst wohl, das wäre so leicht? Der Garten, worin der Baum steht, ist von einem eisernen Gitter umgeben, und vor dem Gitter liegen wilde Tiere, eins neben dem andern, die halten Wache und lassen keinen Menschen hinein." – „Mich werden sie schon einlassen", sagte der Königssohn. – „Ja, gelangst du auch in den Garten und siehst den Apfel am Baum hängen, so ist er doch nicht dein – es hängt ein Ring davor, durch den muß einer die Hand stecken, wenn er den Apfel erreichen und abbrechen will, und das ist noch keinem geglückt." – „Mir soll's schon glücken", sprach der Königssohn.

Da nahm er Abschied von dem Riesen, ging fort über Berg und Tal, durch Felder und Wälder, bis er endlich den Wundergarten fand. Die Tiere lagen ringsherum, aber sie hatten die Köpfe gesenkt und schliefen. Sie erwachten auch nicht, als er herankam, sondern er trat über sie weg, stieg über das Gitter und kam glücklich in den Garten. Da stand mitteninne der Baum des Lebens, und die roten Äpfel leuchteten an den Ästen. Er kletterte an dem Stamm in die Höhe, und wie er nach einem Apfel reichen wollte, sah er einen Ring davor hängen, aber er steckte seine Hand ohne Mühe hindurch und brach den Apfel. Der Ring schloß sich fest an seinen Arm, und er fühlte, wie auf einmal eine gewaltige Kraft durch seine Adern drang. Als er mit dem Apfel von dem Baum wieder herabgestiegen war, wollte er nicht über das Gitter klettern, sondern faßte das große Tor und brauchte nur einmal daran zu schütteln, so sprang es mit Krachen auf. Da ging er hinaus, und der Löwe, der davorgelegen hatte, war wach geworden und sprang ihm nach, aber nicht in Wut und Wildheit, sondern er folgte ihm demütig als seinem Herrn.

Der Königssohn brachte dem Riesen den versprochenen Apfel und sprach: „Siehst du, ich habe ihn ohne Mühe geholt."

Der Riese war froh, daß sein Wunsch so bald erfüllt war, eilte zu seiner Braut und gab ihr den Apfel, den sie verlangt hatte. Es war eine schöne und kluge Jungfrau, und da sie den Ring nicht an seinem Arm sah, sprach sie: „Ich glaube nicht eher, daß du den Apfel geholt hast, als bis ich den Ring an deinem Arm erblicke." Der Riese sagte: „Ich brauche nur heimzugehen und ihn zu holen", und meinte, es wäre ein leichtes, dem schwachen Menschen mit Gewalt wegzunehmen, was er nicht gutwillig geben wollte. Er forderte also den Ring von ihm, aber der Königssohn weigerte sich. „Wo der Apfel ist, muß auch der Ring sein", sprach der Riese, „gibst du ihn nicht gutwillig, so mußt du mit mir darum kämpfen.

Sie rangen lange Zeit miteinander, aber der Riese konnte dem Königssohn, den die Zauberkraft des Ringes stärkte, nichts anhaben. Da sann der Riese auf eine List und sprach: „Mir ist warm geworden bei dem Kampf und dir auch, wir wollen im Flusse baden und uns abkühlen, eh wir wieder anfangen." Der Königssohn, der von Falschheit nichts wußte, ging mit ihm zu dem Wasser, streifte mit seinen Kleidern auch den Ring vom Arm und sprang in den Fluß. Alsbald griff der Riese nach dem Ring und lief damit fort, aber der Löwe, der den Diebstahl bemerkt hatte, setzte dem Riesen nach, riß den Ring ihm aus der Hand und brachte ihn seinem Herrn zurück. Da stellte sich der Riese hinter einen Eichbaum, und als der Königssohn beschäftigt war, seine Kleider wieder anzuziehen, überfiel er ihn und stach ihm beide Augen aus.

Nun stand da der arme Königssohn, war blind und wußte sich nicht zu helfen. Da kam der Riese wieder herbei, faßte ihn bei der Hand, wie jemand, der ihn leiten wollte, und führte ihn auf die Spitze eines hohen Felsens. Dann ließ er ihn stehen und dachte: Noch ein paar Schritte weiter, so stürzt er sich tot, und ich kann ihm den Ring abziehen. Aber der treue Löwe hat seinen Herrn nicht verlassen, hielt ihn am Kleide fest und zog ihn allmählich wieder zurück. Als der Riese kam und den Toten berauben wollte, sah er, daß seine List vergeblich gewesen war. „Ist denn ein so schwaches Menschenkind nicht zu verderben!" sprach er zornig zu sich selbst, faßte den Königssohn und führte ihn auf einem andern Weg nochmals zu dem Abgrund; aber der Löwe, der die böse Absicht merkte, half seinem Herrn auch hier aus der Gefahr. Als sie nahe zum Rand gekommen waren, ließ der Riese die Hand des Blinden fahren und wollte ihn allein zurücklassen, aber der Löwe stieß den Riesen, daß er hinabstürzte und zerschmettert auf den Boden fiel.

Das treue Tier zog seinen Herrn wieder von dem Abgrund zurück und leitete ihn zu einem Baum, an dem ein klarer Bach floß. Der Königssohn setzte sich da nieder, der Löwe aber legte sich und spritzte mit seiner Tatze ihm das Wasser ins Antlitz. Kaum hatten ein paar Tröpfchen die Augenhöhlen benetzt, so konnte er wieder etwas sehen und bemerkte ein Vöglein, das flog ganz nah vorbei, stieß sich aber an einem Baumstamm – hierauf ließ es sich in das Wasser herab und badete sich darin, dann flog es auf, strich, ohne anzustoßen, zwischen den Bäumen hin, als hätte es sein Gesicht wieder bekommen. Da erkannte der Königssohn den Wink Gottes, neigte sich herab zu dem Wasser und wusch und badete sich darin das Gesicht. Und als er sich aufrichtete, hatte er seine Augen wieder so hell und rein, wie sie nie gewesen waren.

Der Königssohn dankte Gott für die große Gnade und zog mit seinem Löwen weiter in der Welt herum. Nun trug es sich zu, daß er vor ein Schloß kam, welches verwünscht war. In dem Tor stand eine Jungfrau von schöner Gestalt und feinem Antlitz, aber sie war ganz schwarz. Sie redete ihn an und sprach: „Ach, könntest du mich erlösen aus dem bösen Zauber, der über mich geworfen ist!" – „Was soll ich tun?" sprach der Königssohn. Die Jungfrau antwortete: „Drei Nächte mußt du in dem großen Saal des verwünschten Schlosses zubringen, aber es darf keine Furcht in dein Herz kommen. Wenn sie dich auf das ärgste quälen und du hältst es aus, ohne einen Laut von dir zu geben, so bin ich erlöst; das Leben dürfen sie dir nicht nehmen." Da sprach der Königssohn: „Ich fürchte mich nicht, ich will's mit Gottes Hilfe versuchen." Also ging er fröhlich in das Schloß, und als es dunkel ward, setzte er sich in den großen

Saal und wartete. Es war aber still bis Mitternacht; da fing plötzlich ein großer Lärm an, und aus allen Ecken und Winkeln kamen kleine Teufel herbei. Sie taten, als ob sie ihn nicht sähen, setzten sich mitten in die Stube, machten ein Feuer an und fingen an zu spielen. Wenn einer verlor, sprach er: „Es ist nicht richtig, es ist einer da, der nicht zu uns gehört, der ist schuld, daß ich verliere." – „Wart, ich komme, du hinter dem Ofen", sagte ein anderer. Das Schreien ward immer größer, so daß es niemand ohne Schrecken hätte anhören können. Der Königssohn blieb ganz ruhig sitzen und hatte keine Furcht – doch endlich sprangen die Teufel von der Erde auf und fielen über ihn her, und es waren so viele, daß er sich ihrer nicht erwehren konnte. Sie zerrten ihn auf dem Boden herum, zwickten, stachen, schlugen und quälten ihn, aber er gab keinen Laut von sich. Gegen Morgen verschwanden sie, und er war so abgemattet, daß er kaum seine Glieder regen konnte; als aber der Tag anbrach, da trat die schwarze Jungfrau zu ihm herein. Sie trug in ihrer Hand eine kleine Flasche, worin Wasser des Lebens war; damit wusch sie ihn, und alsbald fühlte er, wie alle Schmerzen verschwanden und frische Kraft in seine Adern drang. Sie sprach: „Eine Nacht hast du glücklich ausgehalten, aber noch zwei stehen dir bevor." Da ging sie wieder weg, und im Weggehen bemerkte er, daß ihre Füße weiß geworden waren. In der folgenden Nacht kamen die Teufel und fingen ihr Spiel aufs neue an. Sie fielen über den Königssohn her und schlugen ihn viel härter als in der vorigen Nacht, daß sein Leib voll Wunden war. Doch da er alles still ertrug, mußten sie von ihm lassen, und als die Morgenröte anbrach, erschien die Jungfrau und heilte ihn mit dem Lebenswasser. Und als sie wegging, sah er mit Freuden, daß sie schon weiß geworden war bis zu den Fingerspitzen. Nun hatte er nur noch eine Nacht auszuhalten, aber die war die schlimmste. Der Teufelsspuk kam wieder: „Bist du noch da?" schrien sie. „Du sollst gepeinigt werden, daß dir der Atem stehenbleibt." Sie stachen und schlugen ihn, warfen ihn hin und her und zogen ihn an Armen und Beinen, als wollten sie ihn zerreißen; aber er duldete alles und gab keinen Laut von sich. Endlich verschwanden die Teufel, aber er lag da ohnmächtig und regte sich nicht; er konnte auch nicht die Augen aufheben, um die Jungfrau zu sehen, die hereinkam und ihn mit dem Wasser des Lebens benetzte und begoß. Aber auf einmal war er von allen Schmerzen befreit und fühlte sich frisch und gesund, als wäre er aus einem Schlaf erwacht, und wie er die Augen aufschlug, so sah er die Jungfrau neben sich stehen, die war schneeweiß und schön wie der helle Tag. „Steh auf", sprach sie, „und schwing dein Schwert dreimal über die Treppe, so ist alles erlöst." Und als er das getan hatte, da war das ganze Schloß vom Zauber befreit, und die Jungfrau war eine reiche Königstocher. Die Diener kamen und sagten, im großen Saale wäre die Tafel schon zubereitet und die Speisen aufgetragen. Da setzten sie sich nieder, aßen und tranken zusammen, und abends ward in großen Freuden die Hochzeit gefeiert.

Quelle:

Die Märchen der Brüder Grimm, München 1989. Der Text entspricht der Ausgabe von 1857.

Der Weg zum Selbst ist auch in diesem Märchen für den Königssohn mit der Suche nach der Anima verbunden. Zunächst jedoch geht es für ihn darum, sich vor dem Haus des Riesen „spielerisch" dem inneren Wesenskern anzunähern.

Die „Spielzeuge" Kugel, Kegel und der später vorkommende Ring haben eines gemeinsam: die Kreisform. Die Kugel ist ein ins Dreidimensionale übertragener Kreis. Sie wurde früher als Symbol des Universums gedeutet, weil sie die vollkommenste Raumform ist. Auf Thronen sitzende Herrscher wurden meist mit einer Kugel in der Hand, z. B. dem Reichsapfel, abgebildet, was dem Betrachter die Machtfülle verdeutlichen sollte. Auch Christus wurde oft so dargestellt. Der Kegel schließlich geht letztlich (in der Basis) ebenso auf die Kreisform zurück wie der Ring. Alle diese Gegenstände veranschaulichen Vollkommenheit und Einheit.

Riesen können wir in vielen Märchen und Mythen begegnen. In Märchen erscheinen sie meist als grobe und wenig intelligente Wesen. Ihre Größe, ihre physische Kraft und der Umstand, daß sie immer in recht unwegsamen Landschaften leben, lassen sie uns als wilde, unzivilisierte Figuren erscheinen. Der Riese ist demnach in ähnlicher Weise ein Archetypus, ein seelisches Urbild, wie Animus, Anima oder der „alte Weise".[1]

Salopp gesprochen, können wir in dem Riesen den „Neandertaleranteil" des Königssohnes erkennen. Wenn der Prinz mit den Kugeln und Kegeln vor der Türe des Riesen spielt, so versucht er sich durch die Erfahrung seiner physischen Geschicklichkeit zu entwickeln. Zur Annäherung an den inneren Wesenskern gehören jedoch nicht nur physische, sondern auch seelisch-geistige Anstrengungen. Der Prinz steht aber noch am Anfang des Individuationsprozesses.

---

[1] Vgl. *C. G. Jung*, Der Geist im Märchen, in: C. G. Jung, Bewußtes und Unbewußtes, Frankfurt 1988, Kapitel III.3.

Die erste größere Aufgabe besteht für unseren Helden im Pflücken des Apfels vom „Baum des Lebens". Symbolisch stehen Bäume oft für den Weisheitsaspekt. Im germanischen Kulturkreis, doch nicht nur dort, waren sie Kultstätten. Der nordgermanische Weltenbaum Yggdrasil bildete mit seinen Ästen die „Etagen" der verschiedenen Lebenswelten. Buddha schließlich erlangte unter einem Baum die Erleuchtung (Bodhibaum). In der Bibel ist vom Baum der Erkenntnis die Rede. Den, der seine verbotenen Früchte ißt, wird die Geschlechtlichkeit seiner selbst und damit die Mann-Frau-Polarität bewußt. Der rote Apfel als klassisches Liebessymbol drückt das unmißverständlich aus. Mehr noch: Der Mensch kann erfahren, daß das Polaritäts- bzw. Dualitätsgesetz (männlich–weiblich/Yin–Yang/Licht–Dunkel/„Gut"–„Böse" u. a.) „die Welt im Innersten zusammenhält".

Ausgelöst wurde im Märchen die Suche nach dem Apfelbaum durch die Braut des Riesen. Die Früchte auf dem Weg zur Erkenntnis pflückt der Prinz somit nicht für seine unzivilisierten Anteile, den „Riesen in sich", sondern für seine Anima. Vorläufig noch steht der Riese zwischen den beiden. Um der Jungfrau würdig zu werden, muß der Riese beseitigt werden. Es ist nur zu offensichtlich, daß es eine dauerhafte Beziehung des ungeschlachten Riesen zu der „schönen und klugen Jungfrau" nicht geben kann. Als „Entwicklungsanreiz" legt denn auch die „Braut" die Meßlatte immer höher. Sie glaubt nicht mehr daran, daß der Riese das wahre Selbst des Prinzen widerspiegelt: „Ich glaube nicht eher, daß du den Apfel geholt hast, als bis ich den Ring an deinem Arm erblicke."

Des Prinzen Ausflug in den geheimnisvollen Garten mit den schlummernden wilden Tieren und den roten Äpfeln ist dessen erste Bekanntschaft mit der faszinierenden Welt der Psyche. „Riesen" haben hier keinen Zutritt. Nur derjenige kann hier Früchte pflücken, der seine Hand durch einen Ring zu stecken vermag. Aus dem Märchen „Die drei Federn" kennen wir eine ähnliche Szene, in der die Frauen durch den Ring springen müssen. Als Doppelsymbol verweist der Ring sowohl auf die Selbstfindung als auch auf die Partnerschaft. Zu beidem ist der Riese nicht fähig.

Für den Prinzen werden schon bald die ersten Anzeichen einer erfolgreichen Kontaktaufnahme mit seinem Unbewußten sichtbar: Ein Löwe folgt ihm auf Schritt und Tritt, und außerdem steht ihm die ichstärkende Kraft des Ringes zur Verfügung.

Der „König der Tiere" ist ein uraltes Herrschaftssymbol. Schon früh wurde er als „Tier der Sonne" bezeichnet. In Ägypten und im persischen Mithraskult wurde die Sonne als Löwe dargestellt. Die Beziehung zum Licht stellte man früher durch die Beobachtung her, daß Löwen niemals die Augen schließen. Die Löwenmähne erinnerte den Menschen zusätzlich an den Strahlenkranz der Sonne. [2] Wenn der Löwe als Wappentier der Könige die äußerliche, weltliche Macht repräsentiert, so entspricht ihm allerdings psychologisch die Herrschaft des Menschen über sich selbst. In der Astrologie schließlich arbeitet man schon immer mit der Analogiekette Sonne–Licht–Löwe–wahres Selbst.

In der Entwicklung des Prinzen wird der „riesenhafte Anteil" durch die individuellere „löwenhafte Seite" ersetzt. Löwe und Riese sind denn auch bezeichnenderweise Gegenspieler. Ihre Auseinandersetzung spiegelt einen innerpsychischen Kampf, bei dem die alte Kraft gegen die neue antritt. In dieser Konfrontation vermag der Riese einen Teilerfolg zu verbuchen. Er verleitet den Prinzen dazu, den Ring auszuziehen und in den Fluß zu springen. Die „Neandertalerseite" verführt den Königssohn somit zu einem Sprung in die Leidenschaften (Fluß als Bild für psychische Turbulenzen), bei dem die Suche nach dem Selbst vorläufig vergessen wird (ausgezogener Ring).

Ein Selbstsymbol ist jedoch nicht nur der Ring, sondern auch der Löwe. Beide gehören in unserer Geschichte untrennbar zusammen. Daß der Löwe es vermag, dem Riesen den Ring wieder abzunehmen, verdeutlicht eine tiefe Weisheit: Wer ein-

---

[2] Man denke etwa an Albrecht Dürers Kupferstich „Sol Iustitiae".

mal die ersten Schritte auf dem Weg zum Selbst zurückgelegt hat, für den mag es zwar noch Rückschläge, aber keine Umkehr geben. Die dynamischen Kräfte, die wir schon entwickelt haben, können positiv zur Krisenbewältigung beitragen.

Nach alledem wäre es merkwürdig, wenn die geistige Blindheit des Prinzen andauern würde. Die archaischen Triebkräfte können zwar zeitweise eine klare Sicht verhindern, doch vermögen sie nicht zu einer endgültigen Blindheit zu führen.

Der Wendepunkt zum Besseren ist ein Baum, „an dem ein klarer Bach floß". Der Fluß der Leidenschaften wurde so zu einem klaren Bach ... Mit Hilfe des Löwen, des Vogels und des Wassers erlangt der Held schließlich das Augenlicht wieder. Auf anschauliche Weise verbindet sich in unserem Märchen die Luft bzw. der Vogel als Symbol des Geistes mit dem klaren Wasser als dem Symbol der Psyche. Der ebenfalls bei der Heilung mitwirkende Löwe hat als Tierkreiszeichen in der medizinischen Astrologie – zusammen mit der Sonne – eine Entsprechung zu den Augen. Goethes Zitat von dem sonnenhaften Auge erwähnten wir schon bei früherer Gelegenheit („Einäuglein, Zweiäuglein und Dreiäuglein").

Mit der wiedergewonnenen Sehkraft und nach der Beseitigung des Riesen, kann sich der Prinz nun *direkt* der Anima zuwenden. Diese begegnet ihm im zweiten Teil des Märchens in veränderter Gestalt. War im ersten Teil der Riese das Hindernis, das den unmittelbaren Zugang zum inneren weiblichen Seelenbild verhinderte, so sind es jetzt die schwarze Seite der Jungfrau und die „Teufel". Der Kampf mit den Teufeln (Schatten) ist in gewissem Sinne eine Wiederholung der Auseinandersetzung mit dem Riesen – nur auf einer höheren Ebene. Die Weiterentwicklung im Vergleich zur Eingangssituation des Märchens besteht vor allem in der direkten Kontaktmöglichkeit zur Anima.

Außerdem gibt sie dem Prinzen die entscheidenden Hinweise zu ihrer Erlösung.

In Mythen, Märchen und Religionen stoßen wir des öfteren auf schwarze Göttinnen oder schwarze Jungfrauen. Sie drükken die unbewußten, dunklen und triebhaften Kräfte des Weiblichen aus. Manche von ihnen sind sogar zerstörerisch, wie z. B. die indische Göttin Kali. [3] Verschlingende Mutterfiguren gibt es aber auch in anderen Kulturkreisen, u. a. die Dämonin Lilith im Judentum. Von Lilith sagte man, daß im Beischlaf mit ihr teuflische Geister gezeugt würden.

Schwarz ist ohne Zweifel die Farbe des Teuflischen und der Unterwelt, gelegentlich auch des (Menstruations-)Blutes. [4] Im Traum schließlich treten triebhafte Regungen oft als „schwarze Gestalten" auf. Die schwarzen Madonnen des mittelalterlichen Montserrat, von Einsiedeln oder von Tschenstochau zeigen deutlich, daß Reste von teuflischen und heidnischen Anteilen auch in der westlichen Kultur zu finden sind.

Was unser Märchen betrifft, so können wir resümierend feststellen: Wer Angst vor der schöpferischen Kraft der Anima hat, dem stellen sich entweder Riesen in den Weg, oder ihm erscheinen schwarze Jungfrauen, die von Teufeln umgeben sind. Die Jungfrau jedoch will nur erlöst werden, und sie gibt das auch deutlich zu erkennen. *Dreimal* muß der Held die Konfrontation mit dem Teuflischen ertragen und sich somit den dunklen inneren Antrieben stellen. In dem Maße, in dem es ihm gelingt, Licht in diesen abgespaltenen Teil zu bringen, „verfärbt" sich auch die Anima: Sie wird lichter und heller.

Wir wollen noch einen Blick auf die Zahl Drei werfen. In ihr können wir die Synthese aus der Eins und der Zwei erkennen. Die Eins verkörpert die Schöpfung bzw. den Uranfang. Die Zwei hingegen stellt die Dualität dar, z. B. den (scheinbaren) Gegensatz Gott – Mensch oder Mann – Frau. Die Drei schließlich weist auf ein Drittes, ein Kind, das aus der Dualität Mann – Frau hervorgeht. In der Auseinandersetzung Gott – Mensch kann letzterer am Ende eines langen Entwicklungswe-

---

[3] Vgl. den lesenswerten Aufsatz des Indologen *Heinrich Zimmer,* Die indische Weltenmutter, in: Heinrich Zimmer, Die indische Weltenmutter, Frankfurt 1980, S. 17–56.
[4] Herder Lexikon Symbole, Freiburg / Basel / Wien [10]1990 S. 149.

ges seinen göttlichen Kern entdecken, was eine geistige Neugeburt bedeutet. Wer durch diesen schöpferischen Prozeß gegangen ist, ist nicht mehr derselbe wie zuvor, er ist ein „Dritter" geworden. Durch die Verwendung der Zahl Drei will uns das Märchen das positive Moment der „Teufelsprüfung" verdeutlichen. Erst indem wir uns auf die Spaltung (Dualität) ganz einlassen, können wir das „Dritte" gebären und das gegengeschlechtliche Urbild erlösen.

Ein Mann, der sich vor dieser Auseinandersetzung nicht drückt, kann – so zeigt uns das Märchen – tatkräftige Unterstützung von seiner Anima erhalten. Zum Teil kann die Anima bei ihrer Erlösung mithelfen. Wenn der Held von ihr das „Wasser des Lebens" erhält, so belohnt sie damit symbolisch den bewiesenen Einsatzwillen.

Endgültig gebannt wird der Zauber, als der Königssohn sein Schwert dreimal über der Treppe schwingt. Die Treppe verbindet bildlich „oben" und „unten". Ihre einzelnen Stufen entsprechen seelischen Entwicklungsabschnitten. Ohne daß wir uns dessen bewußt sind, benutzen wir das Wort „Stufe" in der Alltagssprache mindestens so oft im symbolischen wie im buchstäblichen Sinne.

In der christlichen Auffassung entspricht die Treppe der Himmelfahrt. Auch die *Stufen*pyramiden wollen eine ähnliche Idee zum Ausdruck bringen. Die biblische Jakobsleiter können wir ebenfalls in diesem Zusammenhang erwähnen. Da das Schwert „über" der Treppe geschwungen wird, ist anzunehmen, daß unser Prinz am oberen Ende der Treppe angelangt ist: Die höchste Stufe ist erklommen.

Das Schwert steht als Bild sowohl für die männliche Tapferkeit als auch für die göttliche Gerechtigkeit. In der Hand des Erzengels Michael weist es auf die Überwindung des Bösen hin; im Buddhismus sieht man in ihm die Macht der Wahrheit und der Erkenntnis; die Psychoanalyse sieht im Schwert ein Phallus-Symbol. Die Astrologie kann diese Zuordnung bestätigen. In der Kunst wurde das Schwert, wie z. B. auf dem schon erwähnten Dürerschen Kupferstich „Sol Iustitiae"[5], als Mars-Widder-Symbol benutzt. Das graphische Zeichen für Mars gilt der Biologie als Bezeichnung für männlich. In der Astrologie ist die Analogiekette Mars–Widder–Männlichkeit–Penis–Aggression–Kampf–Schwert ein bewährtes Deutungsmuster.

Die Bedeutung des Schwertes läßt sich in unserem Zusammenhang eindeutig interpretieren: Der Königssohn hat in sich den Sexualtrieb und das geistige Prinzip miteinander ausgesöhnt.

Nachdem der Held seine Aufgabe erfüllt hat, muß die Jungfrau nicht länger „schwarz" bleiben. Die Balance zwischen Geist und Trieb wurde dem Mann durch die Integration weiblicher Perspektiven und Verhaltensmöglichkeiten möglich.

---

[5] Die Aussage dieses Stichs läßt sich in einem alten astrologischen Lehrsatz formulieren: Die Sonne regiert im Löwen, steht in der Waage im Fall, befindet sich im Widder erhöht und wird schließlich im Wassermann „vernichtet".

4

Der Mann und die „Femme fatale"

DIE HEIRATSSCHEUE PRINZESSIN

Es war einmal ein König, der hatte nur einen einzigen Sohn, und wünschte daher gar sehr, ihn sobald als möglich zu verheiraten. Aber je mehr er in ihn drang, sich eine Frau zu suchen, desto größere Abneigung zeigte der Sohn gegen den Ehestand, indem er sagte, daß alle Weiber nichts taugten und nur auf der Welt wären, um ihre Männer zu betrügen.

Als der Vater sah, daß alles Zureden nicht helfen wollte, führte er seinen Sohn endlich in einen Saal, dessen Wände mit lauter Frauenbildern behangen waren, und sprach zu ihm: „Siehe, mein Sohn, hier hast du nun sämtliche unverheiratete Prinzessinnen der ganzen Welt vor dir, besieh sie eine nach der andern, und treffe dann deine Wahl, denn du darfst mir nicht eher aus diesem Saale, als bis du dich für eine entschieden hast."

Um seinem Vater den Willen zu tun, machte sich der Prinz daran und betrachtete ein Bild nach dem andern, aber keines wollte ihm gefallen, an einem jeden fand er etwas auszusetzen, die eine war ihm zu jung, die andere zu alt, die eine zu blaß, die andere zu rot, und so ging es fort, bis er ganz zuletzt an ein Bild kam, das verkehrt an der Wand hing. Da fragte er den König: „Sage mir, lieber Vater, warum hängt dieses Bild verkehrt?" Dieser aber erwiderte: „Laß es so, wie es ist, und sieh es nicht an, denn es stellt die Tochter eines mächtigen Königs dar, welche ebenso heiratsscheu ist wie du, und noch alle Königssöhne, die um sie freiten, ins Unglück gestürzt hat; wenn du sie sähest und sie dir gefiele, so könnte das dein Unglück sein."

Da sprach der Prinz: „Du hast mich hierhergeführt, um mir sämtliche Prinzessinnen der ganzen Welt zu zeigen, und darum darfst du mir auch keine vorenthalten." Mit diesen Worten kehrte er das Bild um und betrachtete es weit genauer als die andern; die Prinzessin war aber so schön, daß sie sein Herz gewann und er zu seinem Vater sprach: „Diese oder keine."

Der Vater tat sein möglichstes, um ihn von seinem Entschlusse abzubringen, indem er ihm vorstellte, daß jener König viel mächtiger sei als er und seine Tochter schon die mächtigsten Königssöhne, die es auf der Welt gegeben, ins Verderben gestürzt habe; daß er also seinem sicheren Untergang entgegengehe, wenn er sie zur Frau begehre. Er solle also Mitleid mit ihm haben und ihn nicht in seinen alten Tagen dem Unglück preisgeben. Aber all seine Reden waren vergebens, der Prinz blieb bei seinem Vorsatz, doch erklärte er, daß er die Prinzessin nur einmal von Angesicht sehen wolle und daher nicht als offener Freier, sondern verkleidet zu ihr gehen wolle.

Nachdem er auf diese Weise die Erlaubnis seines Vaters erlangt hatte, zog der Prinz grobe Kleider an, gab sich ein möglichst ärmliches Ansehen und machte sich dann nach der Stadt auf, in welcher die Prinzessin wohnte. Der Weg führte ihn durch eine Einöde, und dort erblickte er zwei Männer, die entsetzlich mit einander stritten. Das machte ihn neugierig, er trat auf sie zu und fragte, „warum sie denn gar so sehr miteinander haderten und ob er ihren Zwist nicht ausgleichen könne". Sie wiesen ihn aber mit rauhen Worten zurück und sprachen, „er solle sich nicht in ihre Sache mischen und seiner Wege gehen". Doch der Prinz ließ sich nicht irremachen und sprach: „Sagt mir nur, worüber ihr streitet, und dann will ich euch so viel Geld geben, als es wert ist, damit Friede unter euch werde." Drauf sprach der eine: „Da sieh her, du Dummkopf, das ist unsere väterliche Erbschaft, und darum streiten wir." Dabei zeigte er auf einen rohen Stock und eine alte Mütze, die neben ihnen auf dem Boden lagen.

Als der Prinz den Stock und die Mütze erblickte, lachte er und sprach: „Schämt ihr euch nicht, über solche Armseligkeiten zu hadern? Sagt mir, was sie wert sind, und ich will dem einen den Preis geben, der andere mag die Sachen behalten, damit ihr auseinanderkommt." Jener aber sprach: „Den Preis mußt du selber bestimmen, wenn du erst weißt, was es mit den Sachen für eine Bewandtnis hat; wer die Mütze aufsetzt, der wird unsichtbar, und wer mit dem Stocke dreimal auf die Erde tupft, der kommt dahin, wohin er sich wünschte." Da sprach der Prinz: „Soviel Geld habe ich freilich nicht, um diese Dinge zu bezahlen, aber wißt ihr, wie ihr euern Streit schlichten könnt? Ich will meinen Spieß in jenen Baum werfen, danach müßt ihr um die Wette laufen, und wer von euch mir den Spieß zurückbringt, der soll Stock und Mütze haben." Das waren die beiden zufrieden, der Prinz warf also seinen Spieß in den Baum, und jene fingen an, danach zu laufen. Während sie aber liefen, setzte der Prinz die Mütze auf den Kopf, tupfte dreimal mit dem Stock auf die Erde und wünschte sich in den Palast der Prinzessin, und kaum hatte er das getan, so war er auch schon dort.

Er schlich sich von Zimmer zu Zimmer, bis er in das kam, wo die Prinzessin war, und als er sie erblickte, fand er, daß sie in der Wirklichkeit noch viel schöner war als auf jenem Bilde, und seine Liebe zu ihr wuchs in demselben Maße. Als er sich satt an ihr gesehen hatte, ging er aus dem Schloß in den Garten und fragte nach dem Obergärtner, und als er diesen gefunden, bot er sich ihm als Gartenknecht an. Der aber erwiderte, „daß er nur Arbeiter mit tüchtigen Fäusten, aber keine solchen Milchgesichter mit feinen weißen Händen brauchen könne." Da sagte der Prinz, „daß er keinen Lohn, sondern nur die Kost verlange", und als der Obergärtner das hörte, nahm er ihn an.

Der Prinz arbeitete nun Tag für Tag in dem Garten und machte sich immer an den Lieblingsplätzen der Prinzessin zu tun, um sie betrachten zu können. Die Prinzessin aber war eine große Gartenfreundin. Sie kam jeden Nachmittag herunter, um spazierenzugehen, setzte sich dann in ein abgelegenes Gartenhäuschen und las bis in die Nacht, und niemand konnte ihm sagen, wann sie in das Schloß zurückkehre. Das machte ihn neugierig, und um zu erfahren, was sie in der Nacht triebe, machte er sich in der Nähe des Gartenhäuschens einen Schlupfwinkel, und als es Abend wurde und die andern Arbeiter schlafen gingen, kroch er leise in denselben und lauerte. Aber die Zeit wurde ihm lang; denn die Prinzessin blieb in dem Gartenhäuschen und las und las und warf nur selten einen Blick hinaus ins Freie. Endlich gegen Mitternacht hörte er ein Geräusch wie fernes Donnern, das aber immer näher kam, und sah, wie die Prinzessin ihr Buch zuklappte und vor das Häuschen trat, und in demselben Augenblicke kam auch ein ungeheurer Drache angeflogen und stürzte sich in die Arme der Prinzessin. Nachdem ihn diese begrüßt hatte, führte sie ihn in das Gartenhaus, und der Prinz konnte nur sehen, wie sie zärtlich mit ihm tat, aber er war zu weit weg, um ihr Gespräch mit anzuhören, und aus Furcht vor dem ungeheuren Drachen traute er sich nicht näher heran.

Nachdem der Drache eine Weile mit der Prinzessin gekost hatte, flog er mit demselben Getöse und derselben Blitzesschnelle wieder weg, und die Prinzessin kehrte in das Schloß zurück. Nun ging auch der Prinz in seine Kammer, aber das, was er gesehen hatte, ließ ihn nicht schlafen, und er zerbrach sich den Kopf, wie er es anfangen solle, um das Gespräch der beiden Liebenden zu belauschen. Auch Tags darauf war dies sein einziger Gedanke, bis ihm endlich seine Mütze und sein Stock einfielen, an die er seit seiner Ankunft gar nicht mehr gedacht hatte. Am Abend setzte er also die Mütze auf, nahm den Stock in die Hand, schlich sich in das Gartenhäuschen zur Prinzessin und wartete die Ankunft des Drachen ab.

Die Prinzessin empfing ihn ebenso zärtlich wie das erstemal, und der Drache überhäufte sie mit Liebkosungen und Schmeichelreden und bat sie, doch heute mit in sein Schloß zu kommen, wo er das herrlichste Gastmahl für sie habe bereiten lassen. Die Prinzessin aber weigerte sich anfangs, weil sie ihr

Vater auf morgen früh zu einer Unterredung bestellt habe, des Drachen Schloß aber sechshundert Tagreisen entfernt sei und sie fürchte, nicht zeitig genug wieder zurückzukommen. Doch er versprach ihr, daß sie vor Morgen wieder zu Hause sein solle, nahm sie in seine Krallen und flog fort. Da tupfte der Prinz mit seinem Stocke dreimal auf die Erde und wünschte sich in das Drachenschloß und kam zu gleicher Zeit mit dem Liebespaar dort an. Dieses Schloß war mit hohen Mauern umgeben und von einer Menge dienstbarer Drachen bewohnt; seine Gemächer strahlten in aller erdenklichen Herrlichkeit und in dem Glanze von tausend Lichtern. In dem letzten, welches das allerschönste war, stand ein herrliches Gastmahl bereit. Der Drache überreichte der Prinzessin ein köstliches Tuch, welches so schön gestickt war, daß sie sich dessen nicht bedienen wollte, sondern es an einen Nagel hängte, um es mit sich nach Hause zu nehmen. Als sich nun beide zu Tische setzten, nahm der Prinz dies Tuch vom Nagel und steckte es in seinen Busen. Darauf setzte er sich zu den beiden an die Tafel und aß mit ihnen von allen Speisen, die aufgetragen wurden, ohne daß sie es bemerkt hätten. Als aber zuletzt die herkömmliche Schüssel mit gekochtem trockenem Reis aufgetragen wurde, da bemerkte der Drache, daß neben den beiden Öffnungen, welche sein Löffel und der der ihm gegenübersitzenden Prinzessin in den aufgehäuften Reis machten, noch eine dritte Öffnung in demselben entstand. Er zeigte sie der Prinzessin und fragte sie, wie das zugehe, und als sich diese auch darüber wunderte, drehte er die Schüssel um, um zu sehen, ob sie sich nicht getäuscht hätten und ob auch in der vierten Seite des Haufens ein Loch entstehe. Wie nun die Prinzessin sah, daß auch dort allmählich eine Öffnung entstand und immer größer wurde, ohne daß sie begreifen konnte, wie es zugehe, da wurde ihr unheimlich zumute, und sie trieb den Drachen zum Aufbruche.

Als sie aufstand und das Tuch vom Nagel nehmen wollte und es nicht mehr finden konnte, da wurde sie noch unruhiger, und sie trieb den Drachen noch mehr zur Eile an. Dieser nahm sie also wieder in seine Krallen und trug sie ebenso schnell nach Hause, als er sie gebracht hatte, und der Prinz fuhr hinter ihnen her und sah, wie die Prinzessin mit großer Hast in das Schloß eilte.

Als er am andern Morgen erst spät in den Garten kam, da merkte er an dem unruhigen Hin- und Herlaufen der Leute, daß irgend etwas Ungewöhnliches vorgehe. Darauf begegnete er dem Obergärtner, der mit bestürzter Miene an ihm vor-überging, ohne auf seinen Gruß zu achten. Da faßte sich der Prinz ein Herz und fragte ihn nach der Ursache seiner Trauer. Der aber antwortete: „Ei, du Dummkopf, weißt du denn nicht, daß wir alle unabwendbar verloren sind? Der mächtig-ste Nachbar unseres Herrn, dessen Kriegsheer viermal stärker ist als das unsrige, hat Gesandte geschickt, welche die Prinzes-sin für seinen Sohn verlangen sollten, und wenn ihm dieselbe nicht sogleich und ohne alle Umstände zugesagt würde, so wolle er sein Reich mit Krieg überziehen und darin keinen Stein auf dem andern lassen. Heute morgen sollte sich die Prinzessin über diesen Antrag erklären, sie bestand aber dar-auf, daß sie nur demjenigen ihre Hand reichen würde, wel-cher die Aufgaben zu lösen imstande wäre, die sie ihm stelle. So sei es bisher gehalten worden und dabei müsse es bleiben. Begehre daher jener Prinz nach ihrem Besitze, so möge er kommen und so gut wie alle andern das Wagstück unterneh-men. Als die Gesandten sahen, daß alle Bitten des Königs ver-geblich waren, da erklärten sie unserem Herrn im Namen des ihrigen den Krieg und reisten eiligst ab. Jener König hat aber ein tapferes Kriegsheer von zweimal hunderttausend Mann, und unser König kann dagegen kaum fünfzigtausend Mann ins Feld stellen. Darüber ist alle Welt so bestürzt, daß der Kö-nig nicht einmal einen Feldherrn finden kann, der das Herz hätte, sein Heer gegen einen so übermächtigen Feind zu füh-ren." Darauf erwiderte der Prinz: „Wenn es weiter nichts ist, so will ich gerne euer Feldherr werden. Gehe also zum König, und sage ihm, wenn er mich zum Feldherrn nähme, so wolle ich mich verpflichten, nicht nur den Feind zu schlagen, sondern ihm auch sein halbes Reich abzunehmen."

Als der Obergärtner diese Rede des Prinzen hörte, traute er seinen Ohren kaum und rief ein über das andere Mal: „Der Bursche ist verrückt geworden! Was, du armseliger Mensch hast den Mut, dich dem König zum Feldherrn anzutragen? Nicht zum König will ich gehen, sondern zum Schloßvogt, damit er dich einsperrt und der Schaden vermieden wird, den du in deiner Tollheit anstellen könntest." Der Prinz wiederholte aber sein Verlangen mit solcher Zuversicht und sah dabei so vornehm und entschlossen aus, daß sein Wesen allmählich Eindruck auf den Obergärtner machte und dieser endlich sagte: „Ich weiß zwar, daß man uns beide als Narren einsperren wird, aber du hast es mir angetan, und ich will es wagen. Zum König traue ich mich nicht, aber ich will zu dem Reichskanzler gehen und es ihm sagen."

Als der Reichskanzler den Vorschlag des Obergärtners hörte, fing er trotz aller Kümmernis zu lachen an und sprach: „Der Schrecken hat euch Gärtner verrückt gemacht, und ich muß euch einsperren lassen, aber sehen möchte ich doch den Burschen vorher, gehe also hin und hole ihn."

Als der Prinz vor dem Kanzler erschien, machte sein zuversichtliches Wesen einen solchen Eindruck auf ihn, daß er kopfschüttelnd aufstand und zum König ging und diesem mit klopfendem Herzen den wunderbaren Antrag des Gartenknechtes vortrug. Anfangs machte es der König ihm nicht besser, als er es dem Obergärtner gemacht hatte. Als ihm dieser aber vorstellte, daß sie sowieso verloren seien und also nur durch ein Wunder gerettet werden könnten, wurde er nach und nach so bedenklich, daß er endlich den Gartenknecht vor sich kommen ließ. Die Zuversicht, mit der dieser sprach, flößte ihm solches Vertrauen ein, daß er ihn bei der Hand ergriff und ihn dem versammelten Heere als Feldherrn vorstellte, unter dessen Leitung es nicht nur den Feind besiegen, sondern auch dessen halbes Reich erobern würde. Sie sollten also nicht lange zögern, sondern sofort unter der Führung des neuen Feldherrn ins Feld ziehen, weil der Feind bereits in die Reichsgrenze eingebrochen sei. Darauf befahl der Prinz vorwärts und zog mit seinen fünfzigtausend Mann dem Feinde entgegen und schlug ihm gegenüber ein Lager auf. Als der feindliche Feldherr die geringe Zahl der Gegner sah, schickte er einen Herold an sie ab und forderte sie auf, sich zu ergeben und unnützes Blutvergießen zu vermeiden. Der neue Feldherr schickte ihn aber mit der Antwort zurück, daß es sich morgen zeigen solle, wessen Blut vergossen werden würde.

Nun warteten die Unterfeldherrn des Prinzen darauf, daß er sie zu sich bitten und ihnen seinen Schlachtplan mitteilen werde, aber Stunde um Stunde verging, ohne daß dieser Befehl erfolgte, und der Abend kam, ohne daß der Prinz sein Zelt verlassen hätte.

Als es Nacht geworden war, legte er sich zur Ruhe und befahl, daß man ihn nach Mitternacht wecke. Dann aber stand er auf, setzte seine Mütze auf, nahm seinen Stock in die Hand und wünschte sich in das feindliche Lager, wo er alles im tiefsten Schlafe fand. Er schlich sich nun in alle Zelte, in welchen Hauptleute oder Feldherrn schliefen, und schlug diesen die Köpfe ab. So trieb er es bis gegen Morgen und wünschte sich dann in sein Zelt zurück. Als es Tag wurde und die Feinde eine so große Anzahl ihrer Anführer ermordet fanden, riefen sie die Lagerwachen zusammen, und als diese einstimmig versicherten, daß sie niemanden aus und eingehen gesehn hätten, da begannen die Scharen, welche ihre Anführer verloren hatten, „Verrat" zu schreien, der allein die unbegreifliche Keckheit der Feinde erklären könne, sich mit so geringen Kräften gegen ihr ungeheures Heer im Felde zu zeigen. Die Verdächtigen fingen an, sich zueinander zu scharen, um sich gegen die Anklage des Verrats zu verteidigen, und bei diesen Zwistigkeiten war an diesem Tage an keine Schlacht zu denken.

In der andern Nacht machte es der Prinz ebenso wie in der ersten und erschlug womöglich noch eine größere Anzahl von feindlichen Hauptleuten. Am andern Morgen verdoppelte sich die Aufregung und das Geschrei über Verrat in dem feindlichen Heere, und es dauerte nicht lange, so kam es von Worten zu Taten, und die feindlichen Heeresabteilungen begannen aufeinander loszuschlagen. Als der Prinz das Lärmen im feindlichen Lager hörte, rief er seinen Soldaten zu: „Jetzt ist die Zeit, jetzt schlagt los!", stürzte sich mit seinem Heere auf die Feinde und stellte ein solches Blutbad unter ihnen an, daß nur wenige mit dem Leben davonkamen.

Darauf zog der Prinz, so rasch er konnte, vor die feindliche Hauptstadt und zwang den König zum Frieden, in welchem er die Hälfte seines Reiches abtreten mußte.

Als der Prinz an der Spitze des siegreichen Heeres zurückkehrte, empfing ihn der Vater der Prinzessin mit den größten Ehren und machte ihn zu seinem Reichskanzler. Der Prinz stand dieser Würde mit großer Umsicht vor, so daß das ganze Land seines Lobes voll war und er täglich in der Achtung seines Herrn stieg. Als aber einige Zeit verflossen war, ging er eines Tags zu dem König und erklärte, daß er nicht länger in seinen Diensten bleiben könne, weil er nun in seine Heimat zu seinen alten Eltern zurück müsse. Über diese Erklärung erschrak der König sehr, er stellte ihm die Gefahren vor, in welche ihn sein Abgang stürzen würde, weil nur die Furcht vor ihm den besiegten Nachbarn abhielte, wegen seiner Niederlage Rache zu nehmen. Er ließ nicht ab, den Prinzen zu bitten, daß er bei ihm bleiben solle, und erklärte, daß er ihm alle seine Wünsche erfüllen würde, soweit sie nur in seiner Macht ständen. Der Prinz widerstand so lange allen Vorstellungen des Königs, bis er sah, daß derselbe in der größten Unruhe und Sorge war; darauf erklärte er ihm, daß er seine Tochter liebe und nur unter der Bedingung bei ihm bleiben wolle, wenn er sie ihm zur Frau gebe. Als das der König hörte, kratzte er sich am Kopf und sprach: „Von meiner Seite wäre nichts einzuwenden, und ich machte dich mit Vergnügen zu meinem Schwiegersohn, aber du kennst den harten Sinn meiner Tochter und weißt, wie viele mächtige Prinzen sie ins Verderben gestürzt hat; ich fürchte, sie wird dich ebenso in den Tod schicken wie alle andern. Doch will ich mit ihr sprechen und versuchen, ob ich sie überreden kann."

Der König ließ darauf seine Tochter kommen und stellte ihr das Begehren des Reichskanzlers und die Gefahren vor, in welche das Reich durch seinen Abgang geraten würde, und forderte sie auf, den Antrag anzunehmen. Über diese Zumutung geriet die Prinzessin außer sich und rief: „Also so weit ist es mit mir gekommen? Ich habe die mächtigsten Prinzen verschmäht und soll nun einen Gartenknecht heiraten?" Sie wandte alle Mittel an, um ihren Vater umzustimmen, aber ihr Bitten, Schluchzen und Schmeicheln war diesmal vergebens. Der König ließ sich nicht erweichen. Als die Prinzessin das sah, sprach sie: „Nun gut, ich beuge mich deinem Willen und will ihn zum Manne nehmen, unter der Bedingung, daß er drei Aufgaben löst, die ich ihm stellen werde, damit ich sehe, ob er auch würdig ist, mein Gemahl zu werden; ich will mich darüber bedenken und ihm morgen früh die erste Aufgabe sagen, die er zu lösen hat." Mit diesen Worten stand sie auf und verließ ihren Vater, ohne weiter auf dessen Einwände zu hören.

Am Abend schlich sich der Prinz mit seiner Mütze und seinem Stocke zur Prinzessin in das Gartenhäuschen und wartete dort die Ankunft des Drachen ab. Als dieser ankam, rief ihm die Prinzessin entgegen: „Es ist wieder ein Freier da, aber den errätst du gewiß nicht; es ist unser neugebackener Kanzler, der frühere Gartenknecht." Als das der Drache hörte, lachte er, daß das Häuschen wackelte. Doch die Prinzessin sprach: „Nimm das nicht auf die leichte Achsel, es steckt was Geheimnisvolles in dem Menschen, und ich habe ihn schon lange im Verdacht, daß er zauberkundig sei. Denke also erst ein bißchen nach, bevor du mir die Aufgabe sagst, die ich ihm stellen soll." – „Weißt du was", erwiderte der Drache, „sage ihm, er solle dir in vierundzwanzig Stunden drei lachende Äpfel bringen; der einzige Baum, auf dem sie wachsen, steht in meinem Garten, und der ist sechshundert Tagereisen von hier und wird von hundert Drachen bewacht, denen ich, wenn ich heimkomme, noch besondere Wachsamkeit empfehlen will."

Als der Drache aufbrach und heimflog, folgte ihm der Prinz und sah es mit an, wie er seine Dienstleute um den Baum mit den lachenden Äpfeln aufstellte und ihnen auftrug, die ganze Nacht über wach zu bleiben, damit niemand dem Baume nahe kommen könne. Der Prinz war dadurch der Mühe enthoben, den Baum zu suchen; er blieb in dessen Nähe, und als die Wachen ihre Stellen eingenommen hatten, schlich er sich durch dieselben, brach einen Zweig ab, an dem zehn Äpfel hingen, und wünschte sich nach Hause. So wie er den Ast berührte, fingen alle Äpfel am Baume an zu lachen: „ha! ha! ha! ha!", „und die wachenden Drachen sprangen auf und stürzten durcheinander, denn sie merkten wohl, daß jemand an den Äpfeln gewesen sei, sie konnten ihn aber nicht sehen.

Am folgenden Morgen stellte die Prinzessin dem Kanzler die Aufgabe, und dieser erklärte sich bereit, sie zu erfüllen. Zum Erstaunen des Königs und des ganzen Hofes ging er aber den Tag über seinen Geschäften nach, ohne sich um die ihm gestellte Aufgabe zu bekümmern. Gegen Abend nahm er die zehn Äpfel, legte sie auf einen Teller und brachte sie dem König im Beisein der Prinzessin. Als dieser die Früchte sah, wunderte er sich sehr, daß das die lachenden Äpfel sein sollten, denn sie hatten das Ansehen von Äpfeln der gemeinsten Gattung. Der Prinz bat ihn aber, sie zu berühren, und als er dies tat, erschallte der Saal von einem lauten Gelächter: Die Prinzessin aber mußte bekennen, daß ihre Aufgabe gelöst sei, und bat sich Bedenkzeit bis zum andern Morgen, um ihm die zweite Aufgabe zu sagen.

In der Nacht belauschte der Prinz wiederum das Gespräch der Prinzessin mit dem Drachen, und hörte, wie dieser ihr sagte, daß sie ihm aufgeben solle, drei weinende Quitten zu holen, denn der einzige Baum, an welchem sie wüchsen, stände in dem Hofe seines Schlosses, und er werde dessen Tore verschließen lassen und selbst Wache bei dem Baume halten. Mit diesen ging es aber ebenso wie mit den Äpfeln; der Prinz ging mit dem Drachen in sein Schloß, und als dieser die Tore schließen ließ, war er schon darin. Als sich der Drache unter den

Baum setzte, stellte er sich neben ihn, und als er einen Zweig abbrach, da fingen alle Quitten so heftig zu weinen an, daß er von ihren Tränen durchnäßt wurde, bevor er sich aus dem Bereich des Baumes flüchtete. Der Drache, der an dem Weinen der Quitten merkte, daß jemand den Baum berührt habe, stürmte mit seinem Gefolge bald hierhin, bald dorthin und durchsuchte das ganze Schloß vergebens nach dem Diebe. Der Prinz unterhielt sich eine Weile an dem tollen Treiben und wünschte sich dann mit seinen Quitten nach Hause. Er machte es am folgenden Tage wie mit den Äpfeln.

Als der Drache in der Nacht von der Prinzessin hörte, daß der Kanzler auch diese Aufgabe gelöst habe, wurde er sehr nachdenklich. Endlich aber sprach er: „Nun will ich dir eine Aufgabe sagen, an der er gewiß zugrunde gehen wird. Verlange von ihm einen Zahn aus dem Munde des Drachen, dem die Bäume mit den lachenden Äpfeln und den weinenden Quitten gehören, denn wenn er mir den selbst im Schlafe ausbrechen wollte, so würde ich davon erwachen und ihn verschlingen.“ Als das der Prinz hörte, wünschte er sich schnell nach Hause, nahm eine Zange und einen Korb, legte Schlafkraut hinein, kehrte damit in das Gartenhäuschen zurück und fuhr, als der Drache aufbrach, mit ihm auf sein Schloß. Dort versammelte der Drache vierzig seiner stärksten Untergebenen um sich, und befahl ihnen, mit ihm die Nacht durchzuwachen. Der Prinz aber legte auf jeden etwas Schlafkraut, und es dauerte gar nicht lange, so waren alle eingeschlafen und schnarchten mit offenen Rachen. Darauf machte sich der Prinz daran und zog einem jeden von ihnen einen Vorderzahn aus, warf sie in seinen Korb und kehrte damit nach Hause zurück. Als die Drachen am andern Morgen erwachten, da bemerkte ein Drache die Lücke im Munde des andern und rief: „Ei, dir fehlt ja ein Vorderzahn!“ Darauf sahen sie einander an und fanden, daß jedem von ihnen ein Zahn fehle. Darüber gerieten sie in großen Schrecken und sprachen: „Wer uns die Zähne ausziehen kann, der kann uns auch die Gurgeln abschneiden.“

Der Prinz machte es aber mit den Zähnen wie mit den Äpfeln und Quitten, und als er am Abend die vierzig Drachenzähne vor der Prinzessin ausschüttete, da fiel sie vor Schrecken in Ohnmacht. In der Nacht ging der Prinz wieder in das Gartenhäuschen. Er fand dort die Prinzessin in Tränen die Ankunft ihres scheußlichen Geliebten erwartend. Aber der ließ diesmal lange auf sich warten, und als er endlich erschien, da sah er ebenso niedergeschlagen aus wie die Prinzessin. Er blieb an der Tür stehen, und nachdem er sich ängstlich umgesehen hatte, ob niemand hinter ihm wäre, sprach er zur Prinzessin: „Meine Liebe, daß dein Brautwerber auch die dritte Aufgabe erfüllt hat, ist dir bereits bekannt, wer mir aber einen Zahn ausziehen kann, der kann mir auch die Gurgel abschneiden und dich ums Leben bringen. Wir müssen uns also trennen, ich bin nur hierhergekommen, um Abschied von dir zu nehmen, denn du siehst mich niemals wieder, lebe wohl." Nachdem er dies gesagt hatte, flog er weg. Die Prinzessin aber bedeckte ihr Gesicht mit beiden Händen und blieb eine Weile unbeweglich sitzen. Als sie aufstand, war jede Spur von Kummer an ihr verschwunden, und sie kehrte, heiter um sich blikkend, ins Schloß zurück.

Am andern Morgen nahm der Prinz seine Mütze und seinen Stock und ging damit zu Hofe. Dort fand er den ganzen Hofstaat versammelt und die Prinzessin in ihrem Brautschmucke strahlend. Als sie ihn erblickte, sah sie ihn zärtlich an. Er aber ging an ihr vorüber, trat vor den König und bat ihn um eine geheime Unterredung. Als beide allein waren, erzählte er ihm seine ganze Geschichte, wie ihn die Liebe zu seiner Tochter hierhergetrieben, wie er deren Verhältnis mit einem scheußlichen Drachen entdeckt und wie er den Zauber gebrochen habe, der sie umstrickt gehalten. Aber eine Drachenbraut sei seiner nicht würdig, und darum kehre er nun zu seinem Vater zurück. Darauf wünschte er ihm, wohl zu leben, tupfte mit dem Stocke dreimal auf den Boden und verschwand vor den Augen des Königs.

Als er vor seinem Vater erschien, sprach er: „Lieber Vater, da bin ich wieder, geheilt von meiner Liebe und bereit, jede Frau zu heiraten, die du mir zuführen wirst." Da stellte der Vater große Feste an und beeilte sich, für seinen Sohn eine schöne und tugendhafte Frau auszusuchen, und als er starb, da stand eine Schar von lieblichen Enkeln um ihn her.

Quelle:

Johann Georg von Hahn, Griechische Märchen, Leipzig 1864.

In dem griechischen Märchen „Die heiratsscheue Prinzessin"
ist es weder ein Riese, noch sind es kleine Teufel (vgl. „Der Königssohn, der sich vor nichts fürchtete"), die als Hindernisse
zwischen dem Helden und seiner Angebeteten stehen. Diesmal
werden wir mit einem Drachen konfrontiert. Wie in fast allen
Märchen erkennen wir das Hauptproblem schon in den ersten
Sätzen. Der Prinz hat eine Abneigung gegen die Ehe. Außerdem ist er der Ansicht, daß „alle Weiber nichts taugten und
nur auf der Welt wären, um ihre Männer zu betrügen".

Eine solche vehemente Ablehnung *aller* Frauen dürfte wohl
auch die eigene Mutter mit einschließen. Mit anderen Frauen
hat er jedenfalls noch keine Erfahrungen gehabt. Es stellt sich
die Frage, ob der Prinz vielleicht enttäuscht darüber ist, daß
seine Mutter den König betrogen hat und möglicherweise mit
einem anderen Mann durchgebrannt ist? Unsere Hypothese
lautet demnach: Die Enttäuschung durch die erste Frau (Mutter) im Leben des Prinzen hat in ihm einen Frauenhaß entste-
hen lassen. Trotz der traumatischen Muttererfahrung wird der
Prinz jedoch lernen müssen, seine Vorurteile gegenüber
Frauen abzubauen.

Unser Verdacht eines „verkehrten" Frauenbildes bestätigt
sich. Beim Betrachten der Bilder möglicher Heiratskandidatin-
nen interessiert den Königssohn nur das auf den Kopf ste-
hende Porträt. Jene Prinzessin ist genauso heiratsscheu wie er
selbst. Somit ist sie die Richtige für ihn. Die Auserwählte hat
exakt die gleichen inneren Vorbehalte gegenüber dem anderen
Geschlecht wie er selbst. Das innere weibliche Seelenbild und
die äußere „reale" Person korrespondieren miteinander.

In der Wirklichkeit finden wir diese Situation recht häufig
vor: Bei einem Mann kann sich ein unbewußter Mutterhaß
später auf alle anderen Frauen übertragen. Er verliebt sich
dann nicht selten in Frauen, die eine spiegelbildlich ähnliche
Problematik haben. Das Interesse richtet sich auf Frauen, die
kein echtes *seelisches* Interesse an Männern haben, auf den Ty-

pus der „femme fatale". Sie spielt gern mit den Männern und bindet sich oft an Partner, die äußerlich nicht zu ihr passen. Während sie meist sehr zart und feminin wirkt und es scheint, als ob sie kein Wässerchen trüben könnte, ist der Partner oft überdurchschnittlich aggressiv und stellt sich als „Macho" dar. Eine solche Frau hat das Männliche in sich falsch ‚entwickelt. Häufig sind die Ursachen in einer kritischen Vaterbeziehung zu suchen. Den abgespaltenen männlichen Teil findet sie außen in Form eines „scheußlichen Geliebten" – so zumindest drückt es die Märchensprache aus.

In unserem Märchen hat sich ein animabesessener Prinz in eine animusbesessene Prinzessin verliebt, weil nur eine solche Frau seinem negativen Frauenbild entspricht. In der Persönlichkeit des Prinzen und der Prinzessin hat jeweils das Verdrängte die Regie im Handlungsablauf übernommen, weswegen wir von Animus- bzw. Animabesessenheit sprechen. Zunächst jedoch wollen wir die Prinzessin als persönliche Anima des Prinzen interpretieren.

Um sich dem Animaproblem zu stellen, zieht der Prinz hinaus in die weite Welt. Da ich Wiederholungen bei der Deutung einzelner Symbole vermeiden möchte, gehe ich auf Motive wie z. B. Einöde und Baum nicht mehr näher ein und konzentriere mich stattdessen stärker auf die wichtigsten Handlungsstränge und deren Symbole.

In der ersten Begegnung trifft der Prinz zwei Männer. In der Auseinandersetzung mit ihnen wird er sich seiner Fähigkeit bewußt, alle Vorkommnisse und Probleme in Ruhe zu analysieren. Mit der Tarnkappe kann man jedenfalls „unerkannt" in die eigenen gefährlichen seelischen Bereiche vordringen. Der Stab hingegen versinnbildlicht die Möglichkeit, sich in der Phantasie an *jeden* gewünschten Ort seelischer Konflikte zu begeben, z. B. in das „Reich des Drachens".

Einerseits stellt der Drache den „scheußlichen Geliebten" der animusbesessenen Prinzessin dar, andererseits symbolisiert er die verdrängten destruktiven und frauenfeindlichen Seiten des Königssohnes. Diesen Seiten kann man sich mit Phantasien[1] (Stab) und in distanzierter, gefahrloser Analyse (Tarn-kappe) nähern. Kappe und Stab sind demnach psychische Schutzvorrichtungen bei der angstbesetzten Erforschung der eigenen Psyche.

Rein äußerlich ähnelt unser Held dem griechischen Gott Hermes (dem in der römischen Mythologie Merkur entspricht). Dieser besaß den sogenannten Hermesstab und eine Flügelkappe. Als flinker Bote, der zwischen himmlischen Welten und Unterwelt vermittelte, symbolisiert er die Fähigkeit, Verbindungen herzustellen und intellektuell zu begreifen. Als Herakles einst mit einem medusenähnlichen Schreckbild konfrontiert wurde, eilte Hermes herbei und flüsterte ihm ins Ohr, daß er nur ein harmloses Gespenst gesehen habe. Treffender läßt sich die mythologische und astrologische Symbolik des Hermes-Merkur nicht beschreiben.

Während der ersten Tage der Gartenarbeit jedoch hat unser Held seine intellektuellen Fähigkeiten (Stab und Kappe) schnell wieder vergessen. Erst als er sich an sie wieder erinnert, begibt er sich mit merkurischer Schläue an seine eigentliche Aufgabe. Der Königssohn stellt schnell fest, daß die Prinzessin nur nachts aktiv wird. Der Drache, dem er dabei auf die Spur kommt, entspricht mit seinen Krallen und in seiner „Scheuß-lichkeit" seiner eigenen „machohaften" Sichtweise von Frauen. Dieses Monstrum gilt es nun mit List und Kalkül zu enttarnen. Das wird nicht einfach sein, denn das Drachen-schloß ist von hohen Mauern umgeben und wird von „einer Menge dienstbarer Drachen" bewacht. In den kleinen Drachen können wir Hilfsfunktionen des Komplexes erkennen.

Dank seiner Klugheit kann der Prinz das Liebespärchen in Ruhe beobachten. Haben bisher Prinzessin und Drache unge-

---

[1] An dieser Stelle seien zwei Bücher empfohlen, die diese Imaginations-technik verständlich darstellen: *Verena Kast*, Imagination als Raum der Freiheit – Dialog zwischen Ich und Unbewußtem, Olten 1988, und *Phyllis Krystal*, Die inneren Fesseln sprengen, Olten 1989. Dieses Buch verknüpft den psychologischen mit einem esoterisch-spirituellen Ansatz.

stört von der (psychischen) Nahrung des Königssohnes gelebt, so kann dieser jetzt als unsichtbarer Dritter am Mahl teilnehmen. Wenn der Komplex weniger Nahrung bekommt als üblich, so ist dies ein vielversprechendes Zeichen – besonders im Falle einer Reissspeise. Reis wird in manchen Ländern bei Hochzeiten auf das Brautpaar geworfen. Es wird somit deutlich, um welche Art von Nahrung es sich handelt, um Liebesnahrung.

Vor dem endgültigen Triumph über den Drachen muß der Prinz eine Armee in den Krieg führen. Im Unterschied zum Märchen „Der Sohn der Witwe" geht es jedoch in diesem Fall weniger um die Kriegskunst und den Beweis der männlichen Kraft als vielmehr um die erfolgreiche Anwendung des Intellekts. „David" besiegt Goliath" durch seine List. Nach dem Gewinn der Schlacht verlangt der Königssohn die Prinzessin zur Frau. Wie es sich für eine „femme fatale" gehört, entgegnet diese darauf: „Ich habe die mächtigsten Prinzen verschmäht und soll nun einen Gartenknecht heiraten?"

Der Königssohn jedoch läßt sich nicht entmutigen. Er ist gewillt, sich den drei Rätseln zu stellen. Mit seinen merkurialen Hilfsmitteln kann er zuversichtlich sein, auch diese Aufgabe zu lösen. Verglichen mit seiner Ignoranz zu Beginn der Geschichte, hat die Erkenntnisfähigkeit des Prinzen stark zugenommen.

Die drei Aufgaben betreffen lachende Äpfel, weinende Quitten und einen Drachenzahn. Nicht nur der Apfel ist ein traditionelles Liebessymbol von Venus-Aphrodite, sondern auch die Quitte. Die antike griechische Frau brachte eine Quitte in das Haus ihres Bräutigams als Zeichen des erhofften Eheglücks. Wenn die Quitten im Märchen weinen und die Äpfel lachen, so zeigt dies die widersprüchlichen Gefühlszustände des Prinzen.

Der geforderte Zahn ist ein Marssymbol. Er steht für die männliche Kraft und Potenz. Wenn der Königssohn dem Drachen einen Zahn zieht, so heißt das: Die frauenfeindliche Seite in ihm wird ihrer Kraft beraubt.

Für den mit C. G. Jungs Psychologie weniger vertrauten Leser sei hier der Begriff „Komplex" kurz erläutert. Komplexe sind vom Bewußtsein „abgesprengte seelische Persönlichkeitsanteile". Sie funktionieren willkürlich und autonom und führen „ein Sonderdasein in der dunklen Sphäre des Unbewußten", von wo aus sie jederzeit aktiv werden können. [2]

Selbst in den Details können wir noch die umfassende Weisheit des Märchens nachweisen: Dem Komplex bzw. dem Drachen wird nicht irgendein Zahn gezogen, sondern ein *Vorder*zahn. In der Naturmedizin entsprechen die Vorder- bzw. Schneidezähne, im Gegensatz zu den Eck- oder Backenzähnen, dem Venusprinzip. Der Königssohn hat somit seinem „Feind" den richtigen Zahn gezogen.

Interessant ist die Reaktion des Drachens auf seine Niederlage. Die Antwort erinnert verblüffend an die Art und Weise, wie Komplexe uns im Traum begegnen können. In einem luziden Traum [3] kann man den Komplex über seine Funktion befragen. Eine Klientin des Traumforschers Professor Tholey, die immer wieder von „bösen Männern" träumte, packte einmal in einem luziden Traum die Gelegenheit beim Schopf: „Dann kamen sie zur Tür rein. Der erste, ein überlebensgroßer Mann mit kaltblauem Gesicht und glühenden Augen, kommt auf mich zu. Ich nehme allen Mut und alle Angst zusammen und frage, so böse, wie ich kann: ‚Was machen Sie hier? Was wollen Sie von mir?' Der Mann schaut mich an, und seine Augen werden ganz traurig, und sein Blick wird hilflos, und er sagt: ‚Wieso? Du hast uns doch bestellt. Du brauchst uns doch für deine Angst.' Und da schrumpft der Mann zur normalen Größe, sein Gesicht wird normal, und seine Augen glühen nicht mehr ..." [4] Nach diesem Traum kam die Alpszene nie mehr wieder. Vor dem, was man durchschaut hat, braucht

---

[2] *C. G. Jung*, Psychologische Typen, GW 6, Zürich 1950, S. 572.
[3] Luzide Träume sind „Klarträume", d.h., der Träumer ist sich des Traumzustands bewußt. Vgl. auch das Kapitel „Schlaf und Traum" in meinem Buch: Spirituelles Leben, a. a. O.
[4] *Paul Tholey*, Schöpferisch Träumen, Niedernhausen 1987, S. 53.

man keine Angst mehr zu haben. Das gilt für das Märchen genauso wie für den Traum.

Unser Drache reagiert ganz ähnlich wie der böse Mann in dem obigen Traum. Auch er hat eingesehen, daß er seine Funktion eingebüßt hat: „meine Liebe ..., wir müssen uns also trennen ..."

Bezeichnenderweise ist die „heiratsscheue Prinzessin" nicht im geringsten traurig über den sang- und klanglosen Abgang ihres „Geliebten". Jede Spur von Kummer, so wird uns berichtet, war verschwunden. Die Prinzessin als persönliche Anima ist nicht zu trennen vom Drachenkomplex. Wortspielerisch können wir in dieser Femme-fatale-Anima eine „drachenhafte Frau" erkennen. Ihre jetzige Verwandlung in eine dem Prinzen zugeneigte Frau ist „märchenlogisch". Nachdem das negative Frauenbild des Prinzen aufgelöst ist, verwandelt sich auch die Anima. Seine positive Sicht des Weiblichen ist jetzt so umfassend, daß er *jede* Frau heiraten will – nur eben keine Drachenbraut, denn die ist „seiner nicht würdig ..."

Unser Held durchlief eine bemerkenswerte geistige Aufwärtsentwicklung. Wir erinnern uns, daß er zu Beginn sagte, daß *alle* Frauen nichts taugten. Jetzt am Ende erleben wir das Aufgehen einer problematischen persönlichen Anima (heiratsscheue Prinzessin) in einer fruchtbaren kollektiven Anima („jede Frau"). Fruchtbarkeit kommt im Märchen meist buchstäblich zum Ausdruck: „da stand eine Schar von lieblichen Enkeln."

5

Der Geist im Märchen

DIE DREI KÖNIGSSÖHNE

Vor uralten Zeiten lebte im Morgenlande ein König, der hatte drei Söhne. Die zwei älteren waren schon in ihrer Kindheit gar ausgelassen und mutwillig, aber klug; der jüngste hingegen war folgsam und gut, aber nicht so klug wie seine Brüder.

Als nun der älteste von den drei Königssöhnen achtzehn Jahre alt war, gab ihm der Vater ein Pferd, ein Ritterkleid und ein Schwert und ließ ihn ausziehen, die Welt zu sehen und sich ritterlich zu erzeigen in fremden Landen. Und er ritt fort und ritt weit und breit umher und lebte ausschweifend und unordentlich und kam nimmer heim, vergaß seinen Vater und schickte nicht Nachricht von sich, wie es ihm ergangen sei.

Und der zweite von den Königssöhnen ward auch achtzehn Jahre alt, und sein Vater gab ihm auch ein Pferd, ein ritterliches Kleid und ein Schwert und ließ ihn auch ausreiten in die Welt, um fremde Lande zu sehen, sich ritterlich darin zu erweisen und nach seinem älteren Bruder zu forschen. Und er ritt fort und trieb's wie sein Bruder und kam nimmer heim und schickte nicht Nachricht, wie es ihm ergangen sei.

Da ward der König traurig und meinte, seine Söhne seien beide tot, und härmte sich ab und beklagte ihren Verlust. Aber als der dritte Sohn auch achtzehn Jahre alt war, da ging er eines Tages zu seinem Vater und bat ihn, er möge doch ihm auch ein Pferd und Schwert geben und ihn reiten lassen in die Welt, wie es seine Brüder getan hätten.

Da weinte aber der alte König, umarmte seinen Sohn und

sprach: „Willst du mich auch verlassen und mir verlorengehen, wie deine Brüder mir verloren sind? Nein, mein einzig Kind, du mußt meine Stütze sein in meinem Alter." Und sein jüngster Sohn stand ab von seinem Bitten, obgleich er's ungern tat.

Es stand aber an etliche Tage, da hatte der alte König einen wunderbaren Traum: Er stand in seinem Garten, so war's ihm, da wüchsen zwei Ölbäume auf. Sie waren am Anfang schön und gesund, aber bald fingen sie an zu trauern, und die Früchte fielen ab, die Blätter wurden gelb, und die Zweige schienen dürr. Da wuchs schnell zwischen ihnen ein Palmbaum, schoß hoch auf und beschattete die kranken Ölbäume. Er goß seinen Tau auf sie, und sie wurden wieder gesund und frisch.

Da ließ der König morgens seine Traumdeuter und Weisen kommen, daß sie ihm den Traum auslegten, und die Traumdeuter sagten: „Die zwei Ölbäume sind deine zwei älteren Söhne, und der Palmbaum ist dein jüngster Sohn. Die zwei Ölbäume wurden bald dürr, so werden deine zwei älteren Söhne bald zugrunde gehen; aber den Palmbaum, deinen jüngsten Sohn, mußt du ziehen lassen, daß er seinen Brüdern beistehe, sonst sind sie für dich verloren."

Als der König das hörte, gab er seinem jüngsten Sohn ein Pferd und ein Schwert und ließ ihn mit Tränen von sich.

Der jüngste Königssohn zog in die Welt, und ihm war es wohl im Freien. Er sah viel Land und erwies sich überall, wo er herbergte, als ein braver Rittersmann und kam so weit fort in ferne, ferne Länder. Es geschah aber eines Abends, da kam er in einen dichten Wald und fand keinen Ausgang. Wie er so ritt, siehe, da standen zwei Männer am Wege, und wie er sie fragte, wo der Weg hingehe aus dem Walde, da erkannte er seine älteren Brüder und freute sich über sie. Sie aber fingen an zu schelten und sagten: „Können wir, die wir klüger sind, kaum durch die Welt uns schlagen, wie willst du durchkommen, der du einfältig bist?" Denn die älteren Königssöhne waren klüger für die Welt, dem jüngeren aber fehlte die Weltklugheit.

Jetzt ward es Abend; nur selten fiel am Abhang des Bergwal-

des ein Strahl der scheidenden Sonne durch die Fichtenstämme. Da berieten die drei Königssöhne, welchen Weg sie
einschlagen wollten, daß sie eine Herberge fänden. Und sie
wendeten sich nach der Höhe des Berges, ob sie von oben nicht
ein Haus oder nur ein freies Feld erblickten. Da kamen sie vorbei an einem Ameisenhaufen. Den wollten die älteren Brüder
zerwühlen, daß sie sehen könnten, wie die Tierlein ihre Eier
herumschleppten, aber der jüngste stieg von seinem Pferd und
wehrte ihnen, daß sie es nicht täten. Und als sie vorbeigingen,
da redete ihn der Ameisenkönig an und sprach: „Wer du auch
sein magst, Fremdling, ich danke dir, daß du deinen Reisege-
fährten wehrtest und so großes Unglück von uns armen Tierlein abwendetest. Wenn ich dir nützen kann, so komm, und
du sollst sehen, daß ich dir alles mit Freuden tue."

Und sie gingen weiter und kamen an einen See, der war be-
deckt mit einem ganzen Schwarm Enten. Da wollten die älteren Brüder drüber her und sich einige erlegen, daß sie ein
Abendessen hätten. Da wehrte aber der jüngste Bruder ab und
sagte: „Laßt die armen Tiere; wir werden doch diesen Abend
etwas zu essen haben." Und sie ließen die Enten in Ruhe. Als
sie aber vorbeigingen, schwamm der König der Enten herzu
und dankte dem jüngsten Königssohn und sagte: „Wenn ich
dir in etwas dienen kann, so soll es mit Freuden geschehen."

Darauf gingen sie weiter und kamen an einen Eichenbaum,
in dem die Bienen ihre Zellen hatten. Es war soviel Honig drinnen, daß er am Stamm heruntertroff. Als die zwei älteren Königssöhne das sahen, wollten sie Feuer in der Baumhöhle
machen, daß die Bienen umkämen und sie den Honig fassen
könnten. Da wehrte aber der jüngste wieder ab und sagte:
„Laßt die armen Tierlein! Bringt sie nicht um des bißchen Ho-
nigs willen um." Und sie wollten weiterziehen, da flog die Bienenkönigin heraus, dankte ihm und sprach: „Kann ich dir mit
etwas dienen, so befiehl nur, ich will es mit Freuden tun."

So gingen sie weiter, kamen in ein altes Schloß und wollten
da herbergen. Das Schloß war aber ganz wundersam gebaut,
und nichts Lebendiges war drinnen. Sie gingen ein durch das

Tor, und der jüngste führte sein Pferd in einen Stall. Da standen lauter steinerne Pferde. Sie gingen die Stufen hinauf, da kamen sie in einen Vorplatz, der war mit Marmor gepflastert, und hohe Säulen bildeten die drei Eingänge: Den einen bildeten silberne Säulen, den anderen bildeten goldene Säulen, und den dritten Eingang bildeten gar diamantene Säulen. Und sie gingen ein durch den ersten Eingang und kamen in eine Reihe Zimmer, darin alles, Wände und Gerätschaften, von getriebenem Silber war. Sie gingen durch alle Zimmer und fanden am Ende eine Türe, die verschlossen war durch drei Schlösser; aber durch ein Lädlein konnte man hinein sehen in das Gemach. Und drinnen am Tische saß ein alt eisgrau Männlein, dem der Bart bis auf die Füße ging. Diesem riefen sie zu, aber es hörte nicht. Sie riefen ihn zum zweitenmal, aber es hörte nicht; und sie riefen ihn zum drittenmal, da stand es auf und kam heraus und empfing sie freundlich und bewirtete sie den Abend aufs allerbeste und wies ihnen weiche Betten mit seidenen Vorhängen zu Schlafstätten an. Aber es sprach kein Wort und antwortete auf keine ihrer Fragen. Doch die drei Königssöhne hatten sich's wohl behagen lassen, daß sie in eine so gute Herberge gekommen waren.

Als sie aber am andern Morgen erwachten, lag jeder zwar in einem schönen Zimmer, aber alles war verschlossen, so daß keiner von ihnen herauskommen konnte. Und bei dem ältesten stand das eisgraue Männlein mit dem langen Barte und winkte ihm, daß er ihm folgte. Dieser folgte ihm, aber ganz ängstlich, und sie gingen ein durch den goldenen Eingang und kamen in einen großen, geräumigen Saal, darin alles von getriebenem Golde gearbeitet war. Und der Alte wies mit seinem schwarzen Stab über die Türe; da standen die Worte: „Jeder Fremdling, der die Schwelle dieses Schlosses betritt, muß es versuchen, drei Arbeiten zu vollbringen. Wenn er diese glücklich ausführt, so ist sein Glück auf immer gegründet; vollbringt er sie nicht, so mag er als Stein bis zur Stunde der Erlösung harren auf dem Flecken, wo ihn der letzte Strahl der Abendsonne bescheint." Als der älteste Königssohn diese

Worte gelesen, begehrte er, die erste der Arbeiten zu wissen, und stand zwischen Furcht und Hoffnung, ob er sie wohl vollbringen könnte.

Da berührte das Männlein mit seinem Stabe die Wand, und es sprang eine Türe auf, und der Königssohn sah ein Gemälde, das stellte die Gegend dar, wo der Ameisenkönig seinen jüngeren Bruder angeredet hatte. Und darunter standen die Worte: „Dreitausend Perlen, der Hauptschmuck der Prinzessin Pyrola und ihrer drei Schwestern, liegen hier im Moose zerstreut. Diese hast du zu sammeln, daß auch die letzte nicht fehlet." Der Königssohn erkannte die Gegend, eilte hinaus und sammelte eifrig. Aber Mittag kam, und er hatte nicht hundert beisammen, die Sonne ging unter, da hatte er noch nicht dreihundert gesammelt, und der letzte Sonnenstrahl traf ihn. Da sank er nieder und war Stein.

Den andern Morgen stand das graue Männlein beim zweiten Königssohn und winkte ihm mit seinem schwarzen Stab, daß er ihm folgte, und er folgte ihm. Das Männlein zeigte ihm auch die Überschrift über der Türe im goldenen Saal und das Gemälde. Da eilte der zweite Bruder hinaus und sammelte emsig und sammelte bis an den Abend, aber er hatte keine dreihundert der kleinen Perlen beisammen, da ging die Sonne unter, und er sank nieder und war ein Stein wie sein Bruder.

Nun kam der dritte Morgen. Da stand das eisgraue Männlein bei dem jüngsten Königssohn, führte auch ihn in den Saal, ließ ihn die Schrift lesen über der Türe, zeigte ihm das Gemälde und winkte ihm, hinauszugehen, weil er traurig dastand. Da ging der dritte Königssohn hinaus und sah die kleinen, kleinen Perlen weit zerstreut und im Moose versteckt. Und als er das sah und merkte, daß es unmöglich sei, sie zu sammeln bis auf die letzte, da setzte er sich hin und weinte bitterlich und beklagte seinen armen Vater, der jetzt alle seine Kinder verloren habe. Und wie er so weinte und wehklagte, da hörte er eine Stimme ihm rufen: „Warum weinst du, lieber Fremdling?" Da sah er auf und erblickte den Ameisenkönig und klagte dem seine Not.

162

Der Ameisenkönig aber sprach: „Ist es weiter nichts? Oh, dann sei nur ruhig, dann soll dir bald geholfen sein." Als er dies gesagt, ging er in den Ameisenhaufen und kam bald mit mehr denn fünftausend Ameisen hervor, und alle sammelten an den Perlen und zählten sie dem Königssohn in den Hut. Und als er sie alle hatte bis auf die letzte, da sprach der Ameisenkönig: „Gehe hin, du hast sie alle! Und danke mir nur gar nicht, denn du hast noch mehr verdient als diesen kleinen Gefallen."

Da lief der jüngste Königssohn hinein in das Schloß und brachte dem Männlein die Perlen. Und das eisgraue Männlein erstaunte darüber und führte ihn wieder in den goldenen Saal und berührte eine andere Wand. Diese tat sich wieder auf, und es stellte sich ein Gemälde dar, das den See bedeutete, worauf der Entenschwarm sich aufhielt, und darunter standen die Worte: „In der Tiefe des Sees liegt der Schlüssel zu dem Schlafgemach der Prinzessin Pyrola und ihrer zwei ältern Schwestern. Du mußt ihn gefunden haben, ehe die Sonne niedergeht." Und der Königssohn erkannte den See, eilte hinaus und kleidete sich aus, um darin den Schlüssel zu suchen. Doch wie er hineinsteigen wollte, da schwamm der König der Enten zu ihm und fragte: „Was begehrst du, lieber Fremdling?" Da sagte der Königssohn, was er in dem See suchen wollte. Aber der Entenkönig antwortete: „Der See ist für dich zu tief; laß mich für den verlorenen Schlüssel sorgen." Und er befahl allen Enten, unterzutauchen und den Schlüssel zu suchen. Und sie tauchten unter, und gleich brachte eine den verlorenen goldenen Schlüssel in ihrem Schnabel herzu, und der Entenkönig überreichte ihn dem Königssohn und sprach: „Nimm ihn hin und danke nicht, du hast noch mehr von uns verdient als diesen kleinen Gefallen."

Er beeilte sich und brachte den Schlüssel dem eisgrauen Männlein, und kaum hatte es den Schlüssel in den Händen, da bekam es seine Sprache wieder, dankte dem Königssohn mit Freudentränen und sprach: „Schon zweitausend Jahre muß ich hier lebendig, aber stumm sitzen in diesem Schlosse und auf

Erlösung harren. Nun hast du, glücklicher Fremdling, nur noch ein Geschäft, aber das schwerste; dann ist dein Glück gemacht."

Da fragte der jüngste Königssohn, was das sei. „Drei Töchter habe ich", sprach das graue Männlein „ich bin der König von diesem verzauberten Schloß und Lande. Diese drei Töchter sind mir von ihrer eignen Mutter, die eine böse Fee war, verzaubert und liegen nun seit zweitausend Jahren in einem totenähnlichen Schlafe. Die älteste, Rubia genannt, verzauberte sie durch ein Stück Zucker, die zweite, Briza genannt, durch einen Sirup, aber meine jüngste Tochter Pyrola, durch einen Löffel voll Honig. Eine meiner Töchter sieht der andern völlig gleich, und alle scheinen von gleichem Alter; aber Pyrola, meine jüngste Tochter, ist mir besonders lieb. Und gerade an ihr muß die Erlösung geschehen. An ihrem Hauche muß man erkennen, welche von den dreien den Honig gegessen, obgleich seitdem zweitausend Jahre verstrichen sind."

Als er dieses gesagt, führte der unglückliche König den Königssohn heraus und schloß die dritte Säulenpforte auf. Da waren alle Zimmer mit edlen Steinen von allen Farben geziert. Wohlgerüche und sanfte Töne schwebten aus dem Hintergrunde hervor, Kühlung wehte ihnen entgegen. Und in einer Bettstätte, die mit Laubwerk von grünen und farbigen Edelsteinen umgeben war, lagen in dem höchsten mittelsten Saale, wie tote Marmorbilder, Rubia, Briza und Pyrola, alle drei von ausnehmender, aber gleicher Schönheit. Die Pracht des Saales und die Schönheit der Prinzessinen, die Musik und die Wohlgerüche betäubten ihn ganz, daß er nicht mehr wußte, was er da tun sollte, bis ihn der König des Schlosses daran erinnerte und sprach: „Die Sonne steht im Mittag. Wenn sie niedergeht und du noch nicht erkannt hast, welche die jüngste ist, so trifft dich das gleiche Schicksal wie deine Brüder, und ich muß wieder stumm sitzen, wie vorher, bis sich wieder ein anderer Fremdling hierher verirrt. Erkennst du aber, ohne zu raten, meine Tochter Pyrola, so ist sie deine Gemahlin, und du erbst mein Reich."

Der jüngste Königssohn eilte hinaus und jammerte und weinte, und der Wald hallte wider von seinen Klagen. Und wie er so klagte und jammerte, hörte er eine Stimme ihn rufen und zu ihm sagen: „Was klagst du, lieber Fremdling?" Da sah er auf und erkannte die Bienenkönigin auf dem Baumstamm sitzen. „Ach!" sagte er, „wie kann ich das erkennen, welche von drei Prinzessinen vor zweitausend Jahren Honig gegessen hat?"

„Was?" fragte die Bienenkönigin, „ist es weiter nichts? Wie magst du darum doch so klagen? Ich will dir eine Biene mitgeben, die soll um alle herumfliegen, aber die ist es, der sie sich auf die Lippen setzt." Darauf ging die Königin hinein in die Höhle, und eine Biene flog heraus und setzte sich ihm auf die Schulter, und er trug sie in den Saal zu den schlafenden Königstöchtern. Da flog sie zu allen und schwärmte herüber und hinüber und setzte sich endlich auf den Mund der mittelsten.

Da sprach der Königssohn zu dem eisgrauen Könige: „Die mittelste ist Pyrola, deine jüngste Tochter." Und kaum hatte er das gesagt, da krachte und donnerte und blitzte es, als wollte die Erde zusammenstürzen, und alles war verändert: Das kleine graue Männlein stand da als ein würdevoller, majestätischer alter König, die Prinzessinnen standen in blühender Schönheit da und umarmten ihren Vater, und die jüngste, Pyrola, kam herzu und dankte ihrem Erretter, dem jungen Königssohn. Der junge Königssohn umarmte sie und nannte sie seine Braut. Diener gingen aus und ein, im Schloßhofe war ein Pferdegetrappel, sie gingen ans Fenster, da war um sie nicht mehr die alte Wildnis: Eine prächtige Stadt stand da, und weiterhin sah man auch fruchtbare Felder und viele glückliche Fluren und Dörfer. In den Straßen war ein Gewühl, und alles ging so ordentlich, als wäre da kein Wunder geschehen, als wäre alles beim alten: Niemand schien davon etwas zu wissen.

Auch in den Saal kamen einige Diener. Da ließ der König den Königssohn und seine Tochter Pyrola nehmen und ließ sie in eine prächtige offene Kutsche setzen, vor die er zwölf Schimmel spannen ließ. Und vierundzwanzig Männer, in Purpur und Gold gekleidet, ließ er vorausreiten mit Posaunen und den Königssohn und seine Tochter Pyrola ausrufen als König und Königin des Landes. Darauf wurde ein köstlich Gastmahl gehalten, wobei es an nichts fehlte, was den Tag verherrlichen konnte. Und wie sie so da saßen im großen Jubel, ließen sich zwei fremde Ritter melden. Man ließ sie ein, und, siehe da, es waren des jungen Königs Brüder. Und abermals wurde ein Fremdling gemeldet, und als er hervortrat, da sprangen die drei Königssöhne von ihren Sitzen und bewillkommten ihn mit Freudengeschrei: Es war ihr Vater; er hatte sich aufgemacht, seine verlorenen Söhne zu suchen, und war eben in dieser Stadt angekommen.

Drei Monate blieb der Vater der Königssöhne da, und solang er da war, dauerten die Feste, wovon immer eines das andere an Pracht übertraf. Dann zog er mit seinen zwei älteren Söhnen heim. Sie sollen sich von ihren ehemaligen Fehlern gebessert und des alten Königs Reich unter sich geteilt haben. Auch soll der ältere die Prinzessin Rubia, der zweite die Prinzessin Briza zur Gemahlin genommen, und beide sollen lange und glücklich regiert haben.

Der jüngste aber und Pyrola wurden noch über hundert Jahre alt und beglückten ihre Untertanen. Ein fremder König regierte nach ihm auf seinem Thron, und durch ihn wurden die Menschen wieder so verschlimmert, daß eine große Sintflut über das Land kam. Und seitdem ist jenes Land, das Land der Märchen, versunken, und nur noch diese Sage ist von ihm übriggeblieben.

Quelle:

Albert Ludwig Grimm, Kindermährchen, Frankfurt 1812 – zitiert nach *Helmut Brackert,* Das große deutsche Märchenbuch, Königsstein 1979.

Die Heldenreise und die damit verbundene Vereinigung mit der Anima wird in „Die drei Königssöhne" verknüpft mit der Forderung nach selbstlosem Verhalten und der Besinnung auf den Geist. Jenes Geistprinzip, das den Königssöhnen wahrhaft „brüderliches" Verhalten abverlangt, wird in unserer Geschichte durch das eisgraue, alte Männlein verkörpert, „ dem der Bart ging bis auf die Füße".

Für kleine Kinder sind alte Männer mit langen Bärten und schlohweißem Haar der Inbegriff von Weisheit. Oft stellen sie sich den „lieben Gott" so vor. C. G. Jung schrieb über diesen Archetypus: „Als *Geist* bezeichnet man jenes Prinzip, das im Gegensatz zur Materie steht. Darunter denkt man sich eine immaterielle Substanz oder Existenz, die auf höchster und universalster Stufe ‚Gott' genannt wird. Man stellt sich diese immaterielle Substanz auch als Träger des psychischen Phänomens oder gar des Lebens vor."[1] In Träumen und in Märchen erscheint der Geist oft als alter Mann, manchmal – wenn auch seltener – als weises Tier.[2] In diesem Sinne gehören auch die drei helfenden Tiere dieses Märchens zum Bereich des Geistes. Die Funktion des „Alten", der mitunter auch als kleines Männlein erscheint, wird von Jung wie folgt beschrieben: „Der Alte stellt also einerseits Wissen, Erkenntnis, Überlegung, Weisheit, Klugheit und Intuition, andererseits aber auch moralische Eigenschaften, wie Wohlwollen und Hilfsbereitschaft dar, womit sein ‚geistiger' Charakter wohl hinlänglich verdeutlicht sein dürfte."[3]

Die Suche nach dem Geist läßt sich von der Suche nach der Anima nicht trennen. Der König im Märchen lebt mit seinen drei Söhnen – von einer Mutter wird uns nichts berichtet. Die

---

[1] Vgl. *C. G. Jung*, Zur Phänomenologie des Geistes im Märchen, in: C. G. Jung, Bewußtes und Unbewußtes, Frankfurt 1988, S. 93.

[2] Ebd. S. 103

[3] Ebd. S. 107.

Reise soll die drei Brüder nun mit dem Urweiblichen in Verbindung bringen. Außerdem bittet der Vater die drei, sich in den fernen Ländern „ritterlich zu erzeigen". Ritterlichkeit kann man am ehesten mit Großmut, Opferbereitschaft und Selbstlosigkeit gleichsetzen. Um sich dementsprechend zu verhalten, bedarf es eines gereiften Geistes. Diesen jedoch besitzen die zwei älteren Brüder nicht. Sie vergessen sogar, dem Vater ein Lebenszeichen von sich zu senden.

Wie im Märchen von den drei Federn ist es wiederum der (intellektuell) Dümmste, der sich in seelischer Hinsicht als der Weiseste offenbart. Des Königs Traum, den wir als Ausfluß geistig-intuitiver Schau interpretieren können, nimmt die zukünftige Handlung früh vorweg.

Der im Traum gesehene Palmbaum galt in der Antike als Siegessymbol, z. B. bei sportlichen Wettkämpfen („Siegespalme"). Die Attribute der Siegesgöttin Victoria (griechisch: Nike) waren Palmzweig und Lorbeerkranz. Der Tau ist ein Ausdruck des Geist-Seele-Prinzips. In der Kabbala erscheint der Tau vom „Baum des Lebens" als Sinnbild der Erneuerung des Seins. Genau diese Bedeutung hat er auch in unserem Märchen. Nicht zufällig spielen im Verlauf der Handlung auch Perlen eine große Rolle: Als „Geschenk des Himmels" an die Erde erinnerte der Tau die Menschen schon immer an Perlen, in denen ebenfalls der höchste Geist versinnbildlicht wird. Auf die Perlen werden wir später noch einmal zurückkommen.

Ambivalent hingegen ist die Symbolik des Ölbaums. Einerseits galt er in der Antike als Baum der Erkenntnis (Baum der Göttin Athena), andererseits sah man in ihm ein Zeichen für die Läuterung. [4] Da die Ölbäume die zwei überheblichen Brüder symbolisieren, trifft hier mit Sicherheit letzteres zu. Entscheidend für unsere Deutung ist aber vor allem der Hinweis, die Ölbäume seien „krank".

Im Gegensatz zu den zwei Geschwistern erweist sich der Jüngste als „braver Rittersmann". Sein Schicksal ist jedoch aufs

---

[4] Herder Lexikon Symbole, Freiburg 1990, S. 120.

engste mit dem seiner Brüder verbunden: Als er sich ihnen näherte, „kam er in einen dichten Wald und fand keinen Ausgang". Außerdem fiel nur selten „am Abhang des Bergwaldes ein Strahl der scheidenden Sonne durch die Fichtenstämme". Die Sonne repräsentiert hier wieder das Licht des Bewußtseins.

Um sich (geistig) neu zu orientieren, wandten sich die drei der „Höhe des Berges" zu. Auf die Symbolik der Berge brauchen wir nicht mehr näher einzugehen. Das Streben nach „oben" bringt jedenfalls die erste Charakterprüfung mit sich. Während die zwei älteren Brüder zerstörungswütig sind und keinerlei Respekt vor der Natur zeigen, bewahrt der jüngste die Ameisen vor der Vernichtung.

Ameisen sind ein altes Symbol für Fleiß und Klugheit. In unserem Zusammenhang ist der Umstand interessant, daß das chinesische Wort für Ameise (ma-i) in der zweiten Silbe das Wort für „Tugend" (i) enthält und dieses Tier so zu deren Symbol geworden ist.

Um Tugendhaftigkeit geht es auch bei den Begegnungen mit den Enten und den Bienen. Während Bienen gleichfalls Fleiß und Klugheit verkörpern, steht die Ente (in Asien) als Zeichen für das eheliche Glück. Die beiden älteren Brüder wollen bei dieser Gelegenheit keine Rücksicht auf ihr späteres (Ehe-) Glück nehmen. Im Gegensatz zu ihrem Bruder denken sie immer nur an ihren momentanen Vorteil.

Der Honig der Bienen, den sie haben wollen, weist ebenfalls eine reichhaltige Symbolik auf. Wo „Milch und Honig" fließen, ist das Paradies. Honig, ebenso wie Milch, wurde oft als sakrale Speise in Kulthandlungen verwendet. Bis zum sechsten Jahrhundert reichte man dem Täufling nach der Taufe eine Milch-Honig-Mischung. In der Bibel wird das Wort Gottes mit Honig verglichen (Ps 119, 103). Da die Biene den Honig aus „unschuldigen" Blüten gewinnt, auf eine Weise, die diese nicht zerstört, gilt diese Nahrung als Sinnbild der Einweihung und der spirituellen Erkenntnis. C. G. Jung schließlich sah den Honig als Symbol für das Ziel des Individuationsprozesses an. In unserem Märchen jedoch ist die Individuation nur das Ziel des jüngsten Bruders.

Ähnlich wie in der sizilianischen Geschichte „Vom grünen Vogel" ist ein Schloß das Zentrum, in dem sich die entscheidenden geistigen Prozesse abspielen. Hier sind wir im Mittelpunkt der geistigen Welt, dessen Herr das alte Männlein mit dem langen Bart ist. In dem Schloß ist „nichts Lebendiges", was auf die Lähmung der Antriebskräfte in diesem Geistzentrum hinweist. Dafür sprechen auch die versteinerten Pferde und die Schwerhörigkeit des Alten.

Wer sich dem geistigen Bereich nähert, der muß sich auf schwierige Prüfungen gefaßt machen. Da die gestellten Aufgaben unmittelbar mit den Tugenden der Brüderlichkeit und der Selbstlosigkeit zusammenhängen, würden leichte Lektionen dem geistigen Ziel auch gar nicht entsprechen. Wer bei diesen Prüfungen durchfällt, von dem sagen wir in der Alltagssprache, er besitze ein versteinertes Herz.

Die drei Aufgaben kann nur lösen, wer mit seinem Mitgefühl vorher das Vertrauen der „Tiere" gewonnen hat. Wie wir schon gesehen haben, sind die Tiere in diesem Märchen als Funktionen des Geistprinzips anzusehen. Die von dem alten Männlein geforderten dreitausend Perlen verbinden nun bildlich das Streben nach Vollkommenheit (kostbare Kugelform!) mit der Annäherung an die Anima; diese Verbindung ergibt sich daraus, daß die Perlen Eigentum der drei Prinzessinen sind. Die lange entbehrte Welt der Frauen soll jetzt zu ihrem Recht kommen.

Der „Schlüssel" des Problems liegt, so wird uns gesagt, „in der Tiefe des Sees", d. h. in den tiefsten Schichten des Unbewußten. Das Schlüsselproblem wird sehr konkret, wenn es heißt, Daß es um den „Schlüssel zu dem Schlafgemach der Prinzessin Pyrola und ihrer zwei älteren Schwestern" geht. Deutlicher hätte die Symbolik kaum sein können. Wer von den drei Brüdern den Schlüssel findet, erlöst demzufolge nicht nur seine eigene Anima, sondern er erleichtert auch den beiden anderen die Suche nach deren weiblichem Seelenbild. Bei allen Aufgaben wird interessanterweise erwähnt, daß sie zu lösen seien, „ehe die Sonne niedergeht". Darin erkennen wir die Forderung, sich *bewußt* mit dem Problem auseinanderzusetzen.

Das von dem Jüngsten gelöste Schlüsselproblem hat auf das alte Männlein eine gewaltige Wirkung: Es kann wieder sprechen. Der Geist kann sich somit wieder mitteilen. Endlich ist die Möglichkeit der *unmittelbaren* Kommunikation zwischen niederem und höherem Selbst (Königssohn/alter Mann) erreicht. Die Verbindungskanäle zwischen den beiden waren lange verstopft gewesen, „zweitausend Jahre". Wie schon erwähnt, haben Zahlenangaben im Märchen entweder eine direkte symbolische Aussagekraft, oder sie verstärken in allgemeiner Weise das inhaltlich Gesagte. [5]

Da das endgültige Schicksal des Geistes mit dem Erwachen der Anima verknüpft ist, muß sich der Königssohn auch noch einer dritten Aufgabe stellen. Als die entscheidende Tür aufgeschlossen ist, befinden sich die drei Schwestern noch in einem buchstäblich „süßen" Dornröschenschlaf. Eine von ihnen wurde mit Zucker, eine mit Sirup und die Lieblingstochter mit Honig verzaubert. Die Qualitätssteigerung des „Süßstoffs" ist unverkennbar. Natürlich überrascht es uns nicht, daß die mit Honig verhexte Pyrola des Helden Auserwählte sein soll. Dessen Aufgabe ist es, die wie „tote Marmorbilder" daliegenden Animafiguren zum Leben zu erwecken, indem er Pyrola richtig identifiziert. Auch diesmal hilft ihm eines der vorher verschonten Tiere, die Bienenkönigin.

Von dem griechischen Lyriker Pindaros erzählte man, daß ihm eine Biene die „göttliche Gabe" (Honig) auf die Lippen geträufelt habe. Einen ähnlichen Vorgang erleben wir in unserem Märchen. Die beste der „göttlichen Gaben", die Weisheit, wird hier bildlich mit dem weiblichen Seelenbild des Helden verbunden. Daraufhin erwachen nicht nur die Prinzessinen,

---

[5] Hier trifft beides zu. Die „Zwei" steht, wie schon bei früherer Gelegenheit erwähnt, für das Trennungsprinzip.

auch das alte Männlein verwandelt sich auf magische Weise in einen würdevollen alten König. Das Geistprinzip kann erst jetzt seiner eigentlichen Rolle entsprechen. Auch das übrige Leben ist endlich wieder erweckt worden: „Eine prächtige Stadt stand da", und „in den Straßen war ein Gewühl", und die Felder waren fruchtbar.

Ähnlich wie im Märchen vom Zweiäuglein kommt die Erlösungstat des Helden bzw. der Heldin den „bösen" Geschwistern zugute. Die Brüder sind nicht mehr länger versteinert, sie übernehmen den Dienst als Ritter am Schloß. Die Selbstlosigkeit und Klugheit des Jüngsten nutzt aber nicht nur den Brüdern, sondern auch dem trauernden Vater, der endlich seine Kinder wieder in die Arme schließen kann. Von den zwei älteren Brüdern wird später noch berichtet, daß sie sich charakterlich gebessert und die beiden anderen Prinzessinen geheiratet haben. Das Weibliche ist demnach endgültig integriert worden. Der langfristige Erfolg der beschriebenen Heldentat wird bildlich noch durch die außergewöhnliche Lebenszeit Pryolas und ihres Retters unterstrichen, sie wurden „über hundert Jahre alt".

Zum Schluß erhalten wir den Hinweis, daß das Reich der Seelenweisheit und der Phantasie („Märchenland") später versunken sei. Jenes versunkene Reich sollten wir nun wieder suchen und wenigstens teilweise in den Alltag hinüberretten. Von den Visionen der Träume und Märchen können wir lernen, das reale Leben „märchenhafter" zu gestalten.

Zur Meisterung des Alltags ist es auch äußerst sinnvoll, sich die märchenhafte Struktur der eigenen Träume bewußtzumachen und aus ihnen die entsprechenden Schlüsse zu ziehen.[6]

---

[6] Weitere praktische Hinweise hierzu, sowie ein persönliches Beispiel finden sich im Nachwort.

Mystische Hochzeit

DIE DREI SPRACHEN

In der Schweiz lebte einmal ein alter Graf, der hatte nur einen einzigen Sohn, der war dumm und konnte nichts lernen. Da sprach der Vater: „Höre, mein Sohn, ich bringe nichts in deinen Kopf, ich mag es anfangen, wie ich will. Du mußt fort von hier, ich will dich einem berühmten Meister übergeben, der soll es mit dir versuchen." Der Junge ward in eine fremde Stadt geschickt und blieb bei dem Meister ein ganzes Jahr. Nach Verlauf dieser Zeit kam er wieder heim, und der Vater fragte: „Nun, mein Sohn, was hast du gelernt? – „Vater, ich habe gelernt, was die Hunde bellen", antwortete er. „Daß Gott erbarm!" rief der Vater aus. „Ist das alles, was du gelernt hast? Ich will dich in eine andere Stadt zu einem andern Meister tun." Der Junge ward hingebracht und blieb bei diesem Meister auch ein Jahr. Als er zurückkam, fragte der Vater wiederum: „Mein Sohn, was hast du gelernt?" Er antwortete: „Vater, ich habe gelernt, was die Vögel sprechen." Da geriet der Vater in Zorn und sprach: „Oh, du verlorener Mensch, hast die kostbare Zeit hingebracht und nichts gelernt und schämst dich nicht, mir unter die Augen zu treten? Ich will dich zu einem dritten Meister schicken, aber lernst du auch diesmal nichts, so will ich dein Vater nicht mehr sein." Der Sohn blieb bei dem dritten Meister ebenfalls ein ganzes Jahr, und als er wieder nach Haus kam und der Vater fragte: „Mein Sohn, was hast du gelernt?", so antwortete er: „Lieber Vater, ich habe dieses Jahr gelernt, was die Frösche quaken." Da geriet der Vater in den höchsten Zorn, sprang auf, rief seine Leute herbei und sprach: „Dieser

Mensch ist mein Sohn nicht mehr, ich stoße ihn aus und gebiete euch, daß ihr ihn hinaus in den Wald führt und ihm das Leben nehmt." Sie führten ihn hinaus, aber als sie ihn töten sollten, konnten sie nicht vor Mitleiden und ließen ihn gehen. Sie schnitten einem Reh Augen und Zunge aus, damit sie dem Alten die Wahrzeichen bringen konnten.

Der Jüngling wanderte fort und kam nach einiger Zeit zu einer Burg, wo er um Nachtherberge bat. „Ja", sagte der Burgherr, „wenn du da unten in dem alten Turm übernachten willst, so gehe hin, aber ich warne dich, es ist lebensgefährlich, denn er ist voll wilder Hunde, die bellen und heulen in einem fort, und zu gewissen Stunden müssen sie einen Menschen bekommen, den sie auch gleich verzehren." Die ganze Gegend war darüber in Trauer und Leid, und doch konnte niemand helfen. Der Jüngling aber war ohne Furcht und sprach: „Laßt mich nur hinab zu den bellenden Hunden, und gebt mir etwas, das ich ihnen vorwerfen kann; mir sollen sie nichts tun." Weil er nun selber nichts anderes wollte, so gaben sie ihm etwas Essen für die wilden Tiere und brachten ihn hinab zu dem Turm. Als er hineintrat, bellten ihn die Hunde nicht an, wedelten mit den Schwänzen ganz freundlich um ihn herum, fraßen, was er ihnen hinsetzte, und krümmten ihm kein Härchen. Am andern Morgen kam er zu jedermanns Erstaunen gesund und unversehrt wieder zum Vorschein und sagte zu dem Burgherrn: „Die Hunde haben mir in ihrer Sprache offenbart, warum sie da hausen und dem Lande Schaden bringen. Sie sind verwünscht und müssen einen großen Schatz hüten, der unten im Turm liegt, und kommen nicht eher zur Ruhe, als bis er gehoben ist, und wie dies geschehen muß, das habe ich ebenfalls aus ihren Reden vernommen." Da freuten sich alle, die das hörten, und der Burgherr sagte, er wollte ihn an Sohnes Statt annehmen, wenn er es glücklich vollbrächte. Er stieg wieder hinab, und weil er wußte, was er zu tun hatte, so vollführte er es und brachte eine mit Gold gefüllte Truhe herauf. Das Geheul der wilden Hunde ward von nun an nicht mehr gehört, sie waren verschwunden, und das Land war von der Plage befreit.

Über eine Zeit kam es ihm in den Sinn, er wollte nach Rom fahren. Auf dem Weg kam er an einem Sumpf vorbei, in welchem Frösche saßen und quakten. Er horchte auf, und als er vernahm, was sie sprachen, ward er ganz nachdenklich und traurig. Endlich langte er in Rom an, da war gerade der Papst gestorben und unter den Kardinälen großer Zweifel, wen sie zum Nachfolger bestimmen sollten. Sie wurden zuletzt einig, derjenige sollte zum Papst erwählt werden, an dem sich ein göttliches Wunderzeichen offenbaren würde. Und als das eben beschlossen war, in demselben Augenblick trat der junge Graf in die Kirche, und plötzlich flogen zwei schneeweiße Tauben auf seine beiden Schultern und blieben da sitzen. Die Geistlichkeit erkannte darin das Zeichen Gottes und fragte ihn auf der Stelle, ob er Papst werden wolle. Er war unschlüssig und wußte nicht, ob er dessen würdig wäre, aber die Tauben redeten ihm zu, daß er es tun möchte, und endlich sagte er: „Ja." Da wurde er gesalbt und geweiht, und damit war eingetroffen, was er von den Fröschen unterwegs gehört und was ihn so bestürzt gemacht hatte, daß er der heilige Papst werden sollte. Darauf mußte er eine Messe singen und wußte kein Wort davon, aber die zwei Tauben saßen stets auf seinen Schultern und sagten ihm alles ins Ohr.

Quelle:

Die Märchen der Brüder Grimm, München 1989. Der Text entspricht der Ausgabe von 1857.

Die im ersten Satz geschilderte Situation scheint eindeutig: Ein alter Mann hat einen einzigen Sohn. Die Abwesenheit des Mütterlichen läßt vermuten, daß auch diese Geschichte wieder mit der Heirat der Anima enden wird.

Selbst beim oberflächlichen Lesen wird jedoch am Ende das eigentliche Ziel der Heldenreise deutlich: Gotteserkenntnis bzw. „Unio mystica". Zweifellos muß man dieses Grimmsche Märchen auf einer höheren Ebene deuten als die vorangegangenen. Ist die Ehe für den Menschen normalerweise eine Möglichkeit, sich selbst und seinen Bezug zur spirituellen Welt besser kennenzulernen, so gilt dies nicht für den Helden unseres Märchens. Er benötigt die Einheitserfahrung der Sexualität nicht, um sich als göttliches Wesen erleben zu können. Für ihn ist der Orgasmus ein Symbol für die Verschmelzung der inneren Geschlechtspolarität im Gebet oder in der Meditation.

Da jeder Mensch sowohl männliche als auch weibliche Anteile besitzt, kann er prinzipiell – wenn er spirituell sehr weit fortgeschritten ist – die „göttliche Geliebte" bzw. den „göttlichen Geliebten" als „kosmischen Animus" bzw. „kosmische Anima" erfahren. Es ist kein Zufall, daß christliche Mystiker ihre Gotteserfahrungen immer wieder mit sexuellen Vokabeln beschrieben haben. Das Orgasmusprinzip der wellenartigen Ekstase begegnet uns auf *allen* Ebenen. So gesehen, ist der physische Akt „nur" ein Symbol der Verschmelzung des Menschen mit Gott. Die sexuelle Anziehungskraft ist letztlich der unbewußte Drang nach der verlorengegangenen Einheit mit dem absoluten Geist, mit Gott. Die „Sünde" ist nichts als der Fall des Menschen aus diesem Urzustand.

Im Gegensatz zu unserer Kultur ist den Indern die sinnbildliche Bedeutung des Geschlechtsaktes eine Selbstverständlichkeit. Ihre Anbetung von Shivas Lingam, des Phallus also, hat nichts mit Pornographie zu tun, sondern sie ist Ausdruck für die Verehrung des Schöpfungsvorgangs. Auch die an den Hindutempeln abgebildeten kopulierenden Götter sind keine

„Obszönitäten", sondern ein Beweis für das tiefe Verständnis des Weltgesetzes. Unserer Kultur gänzlich unbekannt sind diese Zusammenhänge der Sexualität mit dem Religiösen jedoch nicht. In der Sopran-Arie einer Bach-Kantate heißt es z. B.: „So leg' ich mich dem Heiland willig unter."[1]

Zur spirituellen Entwicklung ist es manchmal notwendig, einen „Meister" zu haben. Der Held unseres Märchens hat sogar drei Meister gehabt. Wie schon früher erwähnt, symbolisiert die Drei die Überwindung des Dualitätsprinzips: Mann / Frau / Kind. Oder: Gott / Mensch / Geburt des göttlichen Ich im Menschen. Im Christentum steht die Drei für den Heiligen Geist: Gott-Vater, Sohn und Heiliger Geist.

Was kann nun ein „Meister" – im Christentum: Christus – lehren? Er vermittelt uns die Sprache der Seele und des Geistes. Mit ihr können wir das intutive Denken entwickeln. In der Märchensprache heißt das: Man lernt die Sprache der Tiere, wie z. B. der heilige Franz von Assisi, der mit den Vögeln redete.

Auch dieses Märchen weist wieder einige versteckte astrologische Anspielungen auf. Die zwölf Tierkreiszeichen werden den vier Elementen zugeordnet. Im Märchen begegnen uns letztere in den Tieren: aggressive Hunde (Feuer), Frösche (Amphibientiere: Erde und Wasser) und Vögel (Luft). Nach der orphischen Lehre im antiken Griechenland verkörpert sich die Seele dreimal nacheinander durch die vier Elemente, bis sie alle zwölf Zeichen durchlaufen hat. In unserem Zusammenhang können wir die vier Elemente als den Wunsch des Grafensohnes deuten, die vollkommensten Erfahrungen zu machen, deren ein Mensch fähig ist.

Sehr anschaulich schildert uns das Märchen die Reaktionen der Umwelt auf die Gottsuche. Der Vater will seinen Sohn aus Wut über dessen unpraktische Lektionen „töten" lassen. Jeder Suchende hat diesen symbolischen Tod zu erleiden. Er muß

---

[1] Vgl. auch C. G. Jung, Symbole der Wandlung, GW 5, Olten 1973, S. 369 und Anm. 40.

hinnehmen, daß ihm bislang nahestehende Menschen fremd werden. Auch gegen eigene Zweifel heißt es dann anzukämpfen. Dieses Entwicklungsstadium läßt sich bildlich am ehesten mit Jesu Nacht auf dem Ölberg vergleichen.

Der Rückzug des Grafensohnes auf die Burg gleicht einer freiwilligen Isolation, bei der man sich den inneren Ängsten stellen muß (wilde Tiere). Unser Held jedoch überwindet mühelos alle Probleme und Hindernisse, er „versteht" die Sprache der Tiere. Im Mythos, so sei noch ergänzt, sind Hunde oft die Schwellentiere zwischen Diesseits und Jenseits, z. B. der Höllenhund Kerberos in der griechischen Sage.

Entgegen den Vermutungen der Burganwohner krümmen die „wilden Tiere" dem Helden kein Härchen. Statt dessen entpuppen sie sich als Schatzhüter. Sie bewachen einen ganz besonderen „Schatz": den Zugang zur astralen Welt. [2] Hier erlangt nur der Zutritt, der die Selbsterkenntnis nicht scheut. Wer diesen Pfad erst einmal betreten hat, für den gibt es kein Zurück mehr in die bürgerliche Welt; er wird selbst zum geistlichen Führer.

Das letzte Ziel der Pilgerreise des Grafensohnes ist Rom, die Heilige Stadt. Frösche erzählen ihm unterwegs, daß er zum Papst gewählt werden wird. Die Symbolik der Frösche ist von der der Kröten oft nicht zu trennen. Wegen ihrer großen Fruchtbarkeit stellen beide die große Muttergöttin dar. Zusammen mit den Tauben, den geweihten Tieren der Liebesgöttin Aphrodite, stoßen wir nun am Ende des Märchens doch noch auf die (völlig durchgeistigte) Anima.

Die weißen Tauben symbolisieren jedoch noch ein Zweites: Im Christentum stehen sie für die Herabkunft des Heiligen Geistes. Im Bild der zwei Tauben ist die „Mystische Hochzeit" vollzogen. Die Verschmelzung zwischen Gott und Mensch ist

---

[2] In der Astrologie repräsentiert Saturn den „Hüter der Schwelle". Zur Symbolik der Initiation vgl. *Joseph Campbell*, Der Heros in tausend Gestalten, Frankfurt 1978, S. 93 und Kapitel II/1 und *Mircea Eliade*, Das Heilige und das Profane, Frankfurt 1990, Kapitel IV/6.

identisch mit der spirituellen Erlösung der Anima. Da Gott androgyn ist, kann er natürlich auch einen Mann „ehelichen".

Unser Grafensohn ist am Schluß der Geschichte endgültig über menschliches Buchwissen hinausgewachsen. Ihm genügt die göttliche Intuition: Der Heilige Geist in Gestalt der zwei Tauben sagte ihm alles ins Ohr. An ihm ist ein „göttliches Wunderzeichen" geschehen, wie es im Grunde an jedem von uns geschehen kann, wenn wir uns der spirituellen Welt öffnen.

Dieses Grimmsche Märchen beschreibt die Stationen des spirituellen Pilgers aller Religionen und Glaubensformen. Wer Gott erfahren will, durchleidet zunächst die Phase der Entfremdung und oft auch der Ablehnung von Eltern, Verwandten und Freunden. Wer diese erste Prüfung seiner religiösen Ernsthaftigkeit bestanden hat, muß sich anschließend mit den dunklen Seiten seiner Psyche auseinandersetzen und sie analysieren. Im Märchen wird diese Konfrontation symbolisch durch die wilden Hunde und die Klausur im Turm dargestellt. Als Belohnung wartet auf den Sucher der „Schatz", d.h. der mystische Gottesbeweis, der durch die beiden Tauben verdeutlicht wird.

Wer wirklich selbstlos ist, der wird seine reichhaltigen Erfahrungen nicht für sich behalten wollen, sondern ihnen eine soziale Dimension zu geben versuchen („Papsttum").

Nachwort

Wer sich für Märchen interessiert, wird auch von Träumen fasziniert sein – zumindest ist es mir so ergangen. Märchen sind oft traumhaft und Träume nicht selten märchenhaft. Beide habe auf ihre Weise Wichtiges mitzuteilen. Während jedoch das Märchen eine allgemeingültige Botschaft für typische Lebensprobleme geben kann, sind die Träume individuelle Hinweise unseres Unbewußten. Wer jedoch die Märchensprache verstehen gelernt hat, der wird mit Sicherheit seine Träume besser entschlüsseln können. Wie schon in der Einführung kurz erwähnt, hängt dies mit dem identischen archetypischen Material zusammen, das die Basis sowohl für die Träume als auch für die Märchen bildet.

In Märchen wie auch in Träumen kann uns beispielsweise der Arcehtypus des alten Weisen begegnen. In den vorangegangenen Kapiteln lernten wir ihn insbesondere in den Märchen „Einäuglein, Zweiäuglein und Dreiäuglein" und „Die drei Königssöhne" kennen.

Als ich mich einmal in einer schwierigen Lebenssituation befand, in der ich mich für oder gegen eine bestimmte Unternehmung entscheiden mußte, hatte ich einen Traum, der mich sofort an den Weisen des Märchens „Die drei Königssöhne" erinnerte:

Vor mir steht ein uralter Mann mit langen, weißen Haaren, einem Bart und unendlich gütigen Augen. Er kommt auf mich zu und legt die Hand auf meine Schultern. Ich nehme mir nun fest vor, den Alten *nicht* auf mein Problem anzusprechen (das mit meinem Problem im realen Leben identisch ist). Ich bin der festen Überzeugung, daß der Weise es von selber sehen müßte. Da spüre ich deutlich, wie der alte Mann meine Gedanken liest. Mir wird klar, daß er alles weiß. Lächelnd beginnt er nun zu sprechen und erklärt mir genau, welche Handlungsweise für mich die beste ist ...

Die intensive Atmosphäre des Traumes umgab mich noch lange nach dem Aufwachen. Ich war zu Besuch im magischen Märchenland gewesen. Das Bewußtseinsempfinden in diesem Märchen-Traum schien mir mindestens so real zu sein wie in der sogenannten Wirklichkeit. Der alte Weise hatte mir konkret (!) geraten, wie ich mich verhalten sollte. Ich nahm ihn beim Wort, und die Zukunft erwies, daß der mir gegebene Rat in jeder Hinsicht richtig war. Gerade bei zentralen Lebensentscheidungen steigt die Chance, die Hilfe dieses Archetypus zu erleben.

Im Vergleich zu dem alten Weisen im Märchen „Die drei Königssöhne" war der Weise in meinem Traum etwas sanftmütiger und weniger wortkarg. Hieraus darf man jedoch keine Regel machen. Es hätte auch umgekehrt sein können. In Träumen spricht dieser Archetypus immer in dem Ton zu uns, der unseren jeweiligen Bewußtseinszustand am stärksten aufrüttelt. Manchmal kann er uns auch in strenger Weise gegenübertreten, wenn die Lebensumstände dies erfordern.

C. G. Jung wies immer wieder darauf hin, daß solche archetypischen Träume („große Träume") eine „numinose", gleichsam mystische Qualität aufweisen. Man erlebt sie meist nur in Krisensituationen.

Im Märchen begegnet uns der Archetypus des alten Weisen manchmal auch in der Gestalt eines wissenden Tieres, das dem Helden zum richtigen Zeitpunkt den richtigen Rat gibt. Erleben wir solche helfenden Tiere im Traum, was allerdings recht selten vorkommt, können wir in ihnen unsere geläuterten Instinktanteile erkennen, die uns nützliche Hinweise geben wollen.

Dem hier beschriebenen Archetypus kann man auch auf Phantasiereisen begegnen. Die Antworten, die wir unserem imaginierten Ratgeber entlocken können, werden mit Sicherheit unseren Alltag positiv verändern können. Zwei andere wichtige Archetypen, auf die wir in Märchen und Träumen stoßen, sind die „Schatten" (gefährliche Tiere, Ungeheuer) und der Animus bzw. die Anima (Prinzen, Prinzessinnen, machohafte Liebhaber und „femmes fatales").

Wichtig scheint mir, daß wir auf eine imaginative Art und Weise den Zugang zu diesem geheimnisvollen Reich des Unbewußten erschließen. Allerdings sollten wir dies nur dann tun, wenn wir auch bereit sind, uns mit den negativen Seiten unserer Psyche auseinanderzusetzen. Der Umgang mit Archetypen ist häufig sehr bereichernd, doch deren entfesselte Eigendynamik kann einen auch – gegen den eigenen Willen – die Grenze des psychisch „Normalen" überschreiten lassen.

Zu der angesprochenen Imaginationsarbeit gehört nicht nur die Beschäftigung mit den eigenen Träumen, sondern z.B. auch Phantasiereisen, das Malen von Märchen- und Traumsituationen, die einem wichtig sind, und schließlich das Vorlesen und Hören von Märchen. Bereichernder als die bloße Lektüre ist das Erlebnis des Textes im direkten Austausch mit anderen. Dazu ist es allerdings notwendig, daß man das Vorurteil abstreift, Märchen seien nur „Kinderkram". Nicht zuletzt dieses Vorurteil sollte durch dieses Buch entkräftet werden. Die tiefe religiöse Weisheit, die z.B. in dem zuletzt besprochenen Märchen „Die drei Sprachen" verborgen ist, verdient unsere Hochachtung.

Träume und Märchen bringen uns unseren seelischen Wurzeln näher, gleichgültig, ob wir als Eltern mit unseren Kindern ein Märchen nachspielen, z.B. mit Kasperlepuppen, ob wir Märchen malen, selbst erdichten oder anderen vorlesen. Da in unserer Zeit Kulte und Rituale ihre wichtige Funktion der Regulierung des Unbewußten verloren haben, kann die Beschäftigung mit Mythen, Märchen und Träumen diese Aufgabe ersetzen. Zur Ganzwerdung ist die Integration des Unbewußten unbedingt notwendig. Auch wenn es uns merkwürdig vorkommen mag, so steckt doch noch immer der archaische

Mensch in uns. Wenn wir ihn nicht zu seinem Recht kommen lassen, dann wird er sich dieses Recht auf unangenehme Weise nehmen.

Es sei noch auf die Möglichkeit hingewiesen, eine Märchengruppe mit Gleichgesinnten zu gründen. In einer solchen „Märchenpraxis"[1] lassen sich z.B. Fragen stellen wie: Welche Figuren haben uns als Kind im Märchen besonders beschäftigt? Wenn es der Dummling sein sollte, hat der Betreffende mit einiger Wahrscheinlichkeit unter irgendwelchen Benachteiligungen durch die Familie gelitten; oder er wurde allgemein unterschätzt, wie es z.B. in dem Märchen „Die drei Federn" der Fall war. Sollte es Dornröschen gewesen sein, ist der oder die Betreffende als Kind vielleicht von der Umwelt überfordert worden und hat sich dann aus Selbstschutz in einen „Dornröschenschlaf" (Isolation) geflüchtet. Die „harmlose" Beschäftigung mit Märchen kann so zur Erhellung verborgener psychischer Probleme führen.

Auch in der Psychotherapie lassen sich Märchen einsetzen. Verena Kast hat dafür in ihren Büchern viele aufschlußreiche Beispiele gegeben. Neben der Arbeit mit bekannten Märchen kann es auch sinnvoll sein, den Klienten spontan aus seiner Phantasie heraus ein eigenes Märchen erfinden zu lassen. In dieser Schöpfung des Unbewußten wird der Therapeut wichtige Teile der gegenwärtigen psychischen Problematik des Ratsuchenden erkennen können, da unser Unbewußtes aufs engste mit dieser Bildwelt verknüpft ist. Diese schöpferische Art, sich dem Unbewußten zu nähern, ist den intellektuellen Gesprächstherapien meist überlegen. In meiner eigenen Praxis als psychologisch arbeitender Astrologe hatte ich schon oft mit solchen Fällen zu tun. Auf meine Frage, was sich durch die jahrelange Gesprächstherapie oder Psychoanalyse konkret verbessert habe, hörte ich nicht selten die Antwort: „Eigentlich gar nichts!" Mit bloßen Analysen kann man sich in der Tat jahre-

---

[1] Vgl. *Hans Biedermann*, Sagaheim – Verborgene Weisheit im Märchen, München 1990, S. 231–240.

lang etwas vormachen, weil man zu den tieferen Gefühlsschichten gar nicht vordringt. Was nützt es mir, wenn ich meinen Komplex brillant erklären kann, doch meine Gefühle dabei ausschließe? Bilder und Symbole dagegen dringen in diese Gefühlstiefen, sie ergreifen uns und können uns auch heilen.

Viele Therapeuten müssen freilich selbst erst noch die Symbolsprache der Märchen und Träume erlernen. Auf den Universitäten jedenfalls lernt man sie nicht. Im Gegenteil: Die Studenten werden mit Theorien und Strukturmodellen „gefüttert", und leider wird ihnen nur am Rande erzählt, daß es dabei um tiefe Empfindungen geht.

Richtungweisend scheint mir dagegen die Arbeit mit den Bildern von Märchen, Mythen und Träumen zu sein. Diese Sprache „versteht" unser Unbewußtes. Wer sich auf diese geheimnisvolle Welt ernsthaft einläßt, kann sich, zumindest bis zu einem gewissen Grad, auch selber „therapieren". Nicht verschwiegen werden soll auch, daß die Entdeckungen der eigenen Seele sehr viel Freude bereiten können.

Literaturverzeichnis

Asbjornson, Christian / Moe, Jorgen Norwegische Volksmärchen, Berlin 1846.

Bauer, Wolfgang u. a. (Hg.), Lexikon der Symbole, Wiesbaden 1980.

Bechstein, Ludwig, Ludwig Bechsteins Märchenbuch, Leipzig 1857.

Bettelheim, Bruno, Kinder brauchen Märchen, München 1988.

Biedermann, Hans, Sagaheim – Verborgene Weisheit im alten Märchen, München 1990.

Bolte, J. / Polivka, G., Anmerkungen der Kinder- und Hausmärchen der Brüder Grimm, Hildesheim 1963.

Campbell, Joseph, Der Heros in tausend Gestalten, Frankfurt 1978.

Dowson, John, Hindu Mythology and Religion, Calcutta 1987.

Eliade, Mircea, Der Mythos der ewigen Wiederkehr, Düsseldorf 1953.

Ders. Das Heilige und das Profane, Frankfurt 1990.

Faraday, Ann, Deine Träume – Schlüssel zur Selbsterkenntnis, Frankfurt 1978.

Franz, Marie-Louise v., Psychologische Märcheninterpretation, München 1986.

Dies., Erlösungsmotive im Märchen, München 1986.

Garfield, Patricia, Kreativ Träumen, Interlaken 1980.

Gonzenbach, Laura, Sizilianische Märchen, Leipzig 1870.

Grimm, Albert Ludwig, Kindermärchen, Frankfurt 1812.

Grimm, Jakob und Wilhelm, Die Märchen der Brüder Grimm, München 1989.

Hahn, Johann Georg v., Griechische Märchen, Leipzig 1864.

Haich, Elisabeth, Sexuelle Kraft und Yoga, München 1971.

Herder Lexikon Symbole, Freiburg/Basel/Wien [10]1990.

Jacoby, Mario u. a. (Hg.), Das Böse im Märchen, Fellbach 1978.

Ders., Märcheninterpretation aus der Sicht C. G. Jungs – Allgemeine Überlegungen zu einer tiefenpsychologischen Hermeneutik, in: Jacoby, Mario (Hg.), Das Böse im Märchen, a. a. O., S. 12–23.

Ders., Psychotherapeuten sind auch Menschen. Übertragung und menschliche Beziehung in der Jungschen Praxis, Olten 1987.

Jaffé, Aniela (Hg.), Erinnerungen, Träume, Gedanken von C. G. Jung, Olten 1971.

Jung, C. G., Archetypen, München 1990.

Ders., Bewußtes und Unbewußtes, Frankfurt 1988.

Ders., / Kerenyi, Karl, Einführung in das Wesen der Mythologie, Zürich 1941.

Ders. (u. a.), Der Mensch und seine Symbole, Olten 1988.

Ders., Psychologie und Alchemie, Gesammelte Werke (GW) 12, Olten 1976.

Ders., Psychologische Typen, GW 6, Zürich 1950.

Ders., Symbole der Wandlung, GW 5, Olten 1988.

Kast, Verena, Familienkonflikte im Märchen, Olten 1984.

Dies., Imagination als Raum der Freiheit – Dialog zwischen Ich und Unbewußtem, Olten 1988.

Dies., Mann und Frau im Märchen, Olten 1983.

Dies., Paare. Beziehungsphantasien oder Wie Götter sich in Menschen spiegeln, Stuttgart 1984.

Dies., Wege zur Autonomie – Märchen psychologisch gedeutet, Olten 1985.

Dies., Zum Umgang der Märchen mit dem Bösen – Thematische Zugänge zum Märchen als dynamischer Prozeß, in: Jacoby, Mario u. a., (Hg.), Das Böse im Märchen, a. a. O.

Kerenyi, Karl, Die Mythologie der Griechen, 2 Bde., München 1988.

Krystal, Phyllis, Die inneren Fesseln sprengen, Olten 1989.

Lurker, Manfred, Wörterbuch der Symbolik, Stuttgart 1988.

Metmann, Philipp, Mythos und Schicksal, Leipzig 1936.

Schäfer, Thomas, Astrologische Charakterskizzen, München 1988.

Ders., Bildersprache Astrologie, Wettswil 1991.

Ders., Es war einmal ein Stern – Der Tierkreis im Märchen, Münsingen–Bern 1991.

Ders., Spirituelles Leben, Münsingen – Bern 1990.

Scherf, Walter, Lexikon der Zaubermärchen, Stuttgart 1982.

Shuttle, Penelope / Redgrove, Peter, Die weise Wunde Menstruation, Frankfurt 1982.

Stumpfe, Ortrud, Die Symbolsprache der Märchen, Münster 1982.
Tholey, Paul, Schöpferisch Träumen – Der Klartraum als Lebens-
   hilfe, Niedernhausen 1987.
Zimmer, Heinrich, Indische Sphären, München – Berlin 1935.
Ders., Die indische Weltenmutter, Frankfurt 1980.
Ders., Philosophie und Religion Indiens, Frankfurt 1988.

Spektrum/Lesezeit

Antoine de Saint-Exupéry
Briefe an seine Mutter
Botschaften eines großen Herzens
Band 4007
Zeugnisse der Sensibilität einer großen Seele und der tiefen Sehnsucht
nach Verbundenheit.

Lew Tolstoj
Zeiten des Erwachens
Mit einem Nachwort herausgegeben von Axel Dornemann
Band 4017
Prosa wie Paukenschläge von einem atemberaubend modernen Kenner der
menschlichen Seele. Eine Art „Tolstoj-Bibel".

Das Glück liegt auf der Hand
ABC der Lebensfreuden
Herausgegeben von Rudolf Walter
Band 4021
Über hundert kleine Dinge, die des Menschen Herz erfreuen. Frisch und
pointiert erzählt von bekannten Autorinnen und Autoren.

José Luis Sampedro
Das etruskische Lächeln
Roman
Band 4022
Erst wenn man wirklich gelebt hat, überdauert das Lächeln auch den Tod.

Franz von Assisi
Geliebte Armut
Texte zum Nachdenken
Herausgegeben von Thomas und Gertrude Sartory
Band 4024
Franz von Assisi hat mit seinem Leben gezeigt: Armut ist eine Kraft, von
der ungeahnte Lebensfreude ausgeht.

HERDER / SPEKTRUM

Spektrum/Lesezeit

Marie Luise Kaschnitz
Zeiten des Lebens
Herausgegeben und eingeleitet von Ulrike Suhr
Band 4029
„Zum Wiederentdecken und Sicheinlassen auf die leisen unaufdringlichen Töne" (Buch-Journal).

Annemarie Schimmel
Die orientalische Katze
Mystik und Poesie des Orients
Band 4033
Die berühmte Orientalistin zeigt hier, wie die Poeten und Weisen des Ostens die Katze, dieses geheimnisvolle Tier, verstanden.

Antoine de Saint-Exupéry
Man sieht nur mit dem Herzen gut
Band 4039
Texte, in denen sich die unsentimentale und daher um so echtere Liebe Saint-Exupérys zum Menschen offenbart.

Harry Pross
Buch der Freundschaft
Band 4044
Auf der Suche nach einer „Kultur der Freundschaft" heute. Ein Buch voll Esprit.

Mircea Eliade
Hochzeit im Himmel
Roman
Band 4056
„Ich träumte von einem Liebesroman, der ganz anders sein sollte als alles, was bis dahin geschrieben worden war" (Mircea Eliade)

HERDER / SPEKTRUM

Spektrum/Lesezeit

Sabine Brodersen
Inge
Eine Geschichte von Schmerz und Wut
Band 4059
Zwei junge Frauen. Eine Krankenschwester wird die Bilder von Inges
Operation nicht los. Mitreißend intensiv und hautnah erzählt.

Leonid Borodin
Die dritte Wahrheit
Roman
Band 4061
Die dritte Wahrheit ist die Wahrheit der Natur, des einfachen Menschen.
Eine Geschichte voll psychologischer Kraft.

Dalai Lama
Zeiten des Friedens
Herausgegeben und eingeleitet von Erhard Maier
Band 4065
Ein großer geistiger Führer unserer Zeit gibt der Sehnsucht nach Frieden
wichtige spirituelle Impulse.

Eugen Drewermann
Das Eigentliche ist unsichtbar
Der Kleine Prinz tiefenpsychologisch gedeutet
Band 4068
Es ist der ewige Traum verlorener Kindheit, der Saint-Exupérys „Kleinen
Prinzen" so faszinierend macht.

Elie Wiesel
Der fünfte Sohn
Roman
Band 4069
Die Geschichte des Juden Reuven Tamiroff, der 30 Jahre lang fälschlich
glaubte, den Mörder seines Sohnes gerächt zu haben.

HERDER / SPEKTRUM

Spektrum/Lesezeit

Namo Aziz
Kein Weg nach Hause
Schmerz und Traum der Kurden
Band 4074

Wechselnde Fremdherrschaft. Aufstände. Giftgasangriffe. Eine kurdische Familie sucht ihre Heimat.

Antoine de Saint-Exupéry
Briefe an Rinette
Poesie einer Liebe
Band 4076

Vom Charme eines Gefühls, das das Leben verzaubert, erzählen die Briefe des jungen Antoine. Wundervoll als Geschenk.

Die Erde ist uns heilig
Die Reden des Chief Seattle und anderer indianischer Häuptlinge
Herausgegeben von Rudolf Kaiser
Band 4079

Beschwörend, prophetisch, poetisch: die Überlebensweisheit einer großen alten Kultur.

Saliha Scheinhardt
Drei Zypressen
Erzählungen über türkische Frauen in Deutschland
Band 4080

Türkische Frauen zwischen zwei Kulturen. Ein herausforderndes und sehr politisches Stück Frauenliteratur über Fremdenerfahrung.

Manjul Bhagat
Anaro oder die Tücken des Alltags von Delhi
Roman
Aus dem Hindi von Heidemarie und Indu Prakash Pandey
Band 4086

Eine Geschichte von der Würde und dem Stolz der Armen und von der Stärke der scheinbar Schwächsten, den Frauen.

HERDER / SPEKTRUM

Spektrum/Lesezeit

Pharaonische Lebensweisheit
Eingeleitet, übersetzt und kommentiert von Emma Brunner-Traut
Band 4089

Das überraschend moderne Zeugnis der sehnsuchtsvollen Suche des
Menschen nach dem Geheimnis seiner Existenz.

Eugen Drewermann
Zeiten der Liebe
Herausgegeben und eingeleitet von Karin Walter
Band 4091

Eugen Drewermanns tiefe und poetische, die Unendlichkeit berührende
Texte lassen Wege entdecken zu einem Leben der Liebe.

Ramon Llull
Das Buch vom Freunde und Geliebten
Übersetzt und herausgegeben von Erika Lorenz
Band 4094

Ein Juwel abendländischer Mystik: „Llull spricht überwältigend schön über
die Liebe" (Neue Züricher Zeitung).

C. S. Lewis
Dienstanweisung für einen Unterteufel
Mit Illustrationen von H. E. Köhler
Band 4096

Verblüffende Einblicke in die menschliche Seele. Ein höllisches Vergnügen,
geradezu „teuflisch" gut.

Käthe Kollwitz
Aus meinem Leben
Ein Testament des Herzens
Mit einer Einführung von Hans Kollwitz
Band 4105

Geschrieben mit weiblichem Instinkt und tiefer Empfindsamkeit. „Ein
Testament der Menschlichkeit" (Saturday Review).

HERDER / SPEKTRUM